스페인어 강독
기초다지기

LECTURAS EN ESPAÑOL

스페인어 강독 기초다지기

| 이강국 · 유은정 |

HU:iNE

머리말

이 책은 스페인어를 처음 배우는 초보자를 위한 강독 교재이다. 스페인어를 처음 배울 때 대부분 문법부터 시작하는데, 문법을 하나씩 배워 나갈수록 읽기에 대한 욕구 또한 동반 상승한다. 이는 자신이 배우고 있는 문법이 문맥 속에서 어떻게 활용되는지 확인하고 싶은 자연스러운 욕구일 것이다. 본 교재를 기획하면서, 초보자의 읽기 학습 욕구를 충족시키고 능률을 극대화하기 위해서 다음 두 가지 사항을 우선 고려했다.

첫째, 문법과 일치하는 단계의 읽기 연습을 하도록 한다.

인도유럽어군에 속하는 스페인어는 우리말과 문법이 상이하다. 따라서 유럽이나 영미권의 초보자들과는 같은 교재로 공부하기 어렵다. 그들의 언어는 대부분 스페인어와 같은 인도유럽어군에 속하므로 유사한 문법을 많이 공유하고 있기 때문이다. 따라서 문법 진도를 거의 무시해도 스페인어를 배우는 데 큰 무리가 없다. 그러나 우리나라의 학생들은 상황이 다르다. 완전히 이질적인 언어를 배우는 것이므로 문법을 단계별로 차근차근 쌓아 나가야 한다. 강독 또한 마찬가지이다. 언어 교육의 기본이 문법인 만큼, 강독 또한 이 문법 진도와 같이 나가는 것이 이상적이다. 즉, 학습자가 아직 배우지 않은 문법이 강독에서 나오는 것은 혼란을 가중시킨다. 따라서 문법에서 배운 것이 문맥 속에서 어떻게 활용되는 지 강독을 통해 시기적절하게 확인하고 연습하는 것이 가장 좋은 방법이다.

본 교재는 한국외국어대학교 지식출판원에서 출판된 스페인어 문법서인 <스페인어문법 기초다지기> [이강국·성초림·김준한·곽재용 공저]와 진도를 동일하게 구성했다. 즉, 본 교재의 내용은 이 문법서의 진도에 맞추어 구성되어 있다는 뜻이다. 따라서 두 책을 동시에 공부한다면 아무리 초보자라도 혼란 없이 단계적으로 스페인어 강독을 심화할 수 있다. 이를 위해 각 단원의 첫 페이지에 <스페인어문법 기초다지기>의 해당 단원을 명기해 놓았다. 적절하게 활용한다면 학습 능률이 배가 될 것이다. 본 책에 아직 문법서에서 다루지 않은 문법 사항이 나오는 경우는 대부분 관용적인 표현이며, 각주를 달아 설명을 해 놓았다.

둘째, 내용이 학습자 수준에 맞고 유익해야 한다.

대부분의 학습자들은, 스페인어에서는 초보자이지만, 이미 영어를 비롯한 다른 언어를 습득한 경험이 있고 연령대도 보통 10대 중반 또는 대학생이다. 따라서 다루는 내용은 이들의 이해 능력과 지적 수준에 어울리는 것이어야 한다. 아무리 초보자일지라도 성인들을 대상으로 어린이용 교재를 사용할 수는 없기 때문이다. 내용 또한 시간을 할애해 읽을 만한 가치가 있는 것이어야 한다.

따라서 본 교재는 이들의 이해 능력과 지적 수준을 만족시킬 수 있는 실용적이고도 유익한 내용으로 구성되어 있다. 모든 단원의 각 파트는 가급적 짧게 구성했다. 내용이 간결하고 재미있어야 읽기에 집중할 수 있기 때문이다. 또한 짧고 유익해야 암기하기 편하고 더 나아가서는 회화에서도 활용이 가능하기 때문이다. 원어민 교수들의 꼼꼼한 감수를 통해 문법의 정확성, 표현의 적확성과 실용성, 내용의 시의성을 추구했다.

이 두 가지 전제 조건을 기반으로 쓰인 본 교재는 다음과 같이 구성되어 있다.

매 단원의 첫 페이지에는 해당 <문법>과 <격언> 또는 <시>가 들어 있다. <문법>은 <스페인어문법 기초다지기>의 해당 단원을 가리키는 것이며 <격언> 또는 <시>는 해당 단원의 문법에 맞는 유익한 내용을 담고 있다. 모두 유명 인사들의 주옥같은 글이므로 암기해 두면 좋은 효과를 기대할 수 있을 것이다. 좋은 글을 읽는 것이라는 강독 본연의 목적을 충족시켜줄 것이다.

본문의 내용은 제 1과에는 기본 표현들 읽기 연습, 2-6과에는 Diálogo만 두 개씩, 7-19과에는 Diálogo와 Lectura, 20-22과에는 Lectura만 두 개씩 넣었다. 이로써 차츰 읽는 양을 늘리고 간단한 대화체에서 다양하고 긴 서술문 독해 단계로 자연스럽게 실력을 쌓아 나갈 수 있도록 구성했다. 과별 체감 난이도는 개인의 어휘 및 문장 수준에 따라서 약간씩 차이가 있을 수 있다. 모두를 만족시킬 수 있을 만큼 항상 점진적으로 상승하는 것만은 아니라는 뜻이다. 난도가 상대적으로 낮은 단원은 읽는 양을 늘려 균형을 맞추도록 노력했다.

매 단원마다 <Pasatiempo>를 넣어 쉬어 가는 코너를 마련했다. 스페인어 문장의 경우 해당 단원의 문법과 정확하게 상응하면서 재미있는 내용으로 배치했고 스페인어 문장이 아닌 경우에는 실생활에서 유용하게 쓸 수 있는 정보를 담았다.

또한 매 단원마다 우리말로 된 <문화>를 넣어 스페인어 문장만으로는 부족해지기 쉬운 문화 내용을 더했다. 가급적 해당 단원과 관련이 있는 것으로 구성하고자 했으며, 그렇지 않은 경우라도 스페인과 라틴아메리카의 역사와 문화를 이해하는데 많은 도움이 되는 것들을 넣었다.

본 교재가 스페인어 초보학습자들에게 유익한 지식과 정보를 제공하는 매체가 되기를 바란다. 이 책을 만드는 데 도움을 주신 많은 분들께 감사드린다. 수차례에 걸친 교정을 마다않고 꼼꼼하게 읽어 주신 한국외국어대학교 스페인어통번역학과의 Alfonso Macías, Sara Torres, Jaime Aguilo 세 분 원어민 교수님들께 감사드린다. 또한 친구로서 번거로움을 마다하지 않고 원고를 읽고 조언을 아끼지 않으신 울산대학교의 Claudia Monroy 교수님께도 감사드린다. 끝으로 이 책을 출판하는 데 애써주신 한국외국어대학교 지식출판원 관계자 여러분께도 감사드린다.

2018년 2월
저자 일동

Índice

LECTURAS EN ESPAÑOL

GRAMÁTICA

철자와 발음, 강세의 위치 (▶ 스페인어문법 기초다지기 0.0)

정관사와 부정관사 (▶ 스페인어문법 기초다지기 1.1)

명사의 성과 수 (▶ 스페인어문법 기초다지기 1.2)

Lección 01

Abecedario

Vivir no es solo existir,
sino existir y crear,
saber gozar y sufrir
y no dormir sin soñar.
Descansar, es empezar a morir.

[Gregorio Marañón; 1887-1960]

Lección 01

Abecedario

알파벳

대문자	소문자	명칭
A	a	a
B	b	be
C	c	ce
D	d	de
E	e	e
F	f	efe
G	g	ge
H	h	hache
I	i	i
J	j	jota
K	k	ka
L	l	ele
M	m	eme
N	n	ene

대문자	소문자	명칭
Ñ	ñ	eñe
O	o	o
P	p	pe
Q	q	cu
R	r	erre
S	s	ese
T	t	te
U	u	u
V	v	uve
W	w	uve doble
X	x	equis
Y	y	ye
Z	z	zeta

발음

모음 a [a], e [e], i [i], o [o], u [u]

자음

B b	[b]	baile	bebida	bien	bonito	bueno
	[k]	casa	-	-	cosa	cuna
C c	[Θ]	-	cena	cine	-	-
	[c]	charla	cheque	chico	chorizo	chuleta
D d	[d]	dar	dedo	dinero	doctor	duda
F f	[f]	fama	fecha	fiesta	foto	fútbol
G g	[g]	gato	-	-	gordo	gusto
	[x]	-	gente	girar	-	-
H h		hablar	hermano	hielo	hola	huevo
J j	[x]	jamón	jefe	jirafa	joven	juego
K k	[k]	Kant	Kenia	kilo	koala	Kuwait
L l	[l]	lago	leche	libro	lotería	lugar
L l	[ʎ]	paella	calle	gallina	pollo	lluvia
M m	[m]	mamá	mesa	mil	mochila	mujer
N n	[n]	nada	nevar	nieve	noche	número
Ñ ñ	[ɲ]	mañana	muñeca	compañía	señor	pañuelo
P p	[p]	papá	pelo	piso	pobre	puerta
Q q	[k]	-	queso	quién	-	-
R r	[r]	radio	regalo	risa	rosa	rubio
	[ř]	guerra	correo	arriba	arroz	arruga
S s	[s]	salsa	semana	siesta	sol	suerte
T t	[t]	tarde	tenis	tienda	todo	tú
V v	[b]	vale	vestido	vida	vosotros	vuelo
W w	[w]	waterpolo	web		won	

X x	[ks]	examen		taxi		
	[x]	Texas		México		
	[s]				xilófono	
Y y	[y]	ya	yerno	-	yo	yuca
Z z	[Θ]	zapato	zeta	zigzag	zona	zumo

음절

음절이란 '하나의 종합된 음의 느낌을 주는 말소리의 단위'로 강세의 위치를 가늠하는데 중요한 역할을 한다.

bo-ca	ca-sa	hi-jo
a-ma-ble	li-bro	ma-dre
can-tan-te	mar-tes	siem-pre

¡Ojo! 이중자음(bl, br, cl, cr, dr, fl, fr, gl, gr, pl, pr, tr)은 같은 음절에 포함된다.

강세

① 모음이나 자음 -n, -s로 끝나는 단어는 끝에서 두 번째 음절의 모음에 강세가 놓인다.

m**e**-sa　　l**i**-bro　　j**o**-ven　　l**u**-nes

② -n, -s를 제외한 자음으로 끝나는 단어는 끝 음절의 모음에 강세가 놓인다.

ciu-d**a**d　re-l**o**j　ho-t**e**l　se-ñ**o**r

③ 위 규칙에서 예외가 되는 단어에는 강세를 표시한다.

so-f**á**　ca-f**é**　d**í**-a　me-n**ú**

a-di**ó**s　au-to-b**ú**s　co-ra-z**ó**n　ra-z**ó**n

ár-bol　a-z**ú**-car　n**ú**-me-ro　m**ú**-si-ca

이중모음이 들어 있는 단어의 강세 위치

ai	b**a**i-le	ia	pi**a**-no
au	**a**u-la	ua	gu**a**n-te
ei	p**e**i-ne	ie	ni**e**-to
eu	**e**u-ro	ue	cu**e**-llo
oi	**o**i-ga	io	di**o**-sa
ou	b**o**u	uo	cu**o**-ta
iu	tri**u**n-fo	ui	ru**i**-do

¡Ojo! 모음 a, e, o가 서로 만날 때는 이중모음을 형성하지 않는다.

pa-**e**-lla　cre-**e**r　i-d**e**-a　to-**a**-lla

스페인어 사용 국가들과 수도

País	Capital
España	Madrid
México	Ciudad de México
Guatemala	Ciudad de Guatemala
El Salvador	San Salvador
Honduras	Tegucigalpa
Nicaragua	Managua
Costa Rica	San José
Panamá	Panamá
Cuba	La Habana
República Dominicana	Santo Domingo
(Puerto Rico) [1]	(San Juan)
Colombia	Bogotá
Venezuela	Caracas
Ecuador	Quito
Perú	Lima
Bolivia	La Paz / Sucre [3]
Chile	Santiago
Paraguay	Asunción
Uruguay	Montevideo
Argentina	Buenos Aires
Guinea Ecuatorial [2]	Malabo

1) 푸에르토리코는 현재 미국령으로 독립 국가는 아니다. 공용어는 영어와 스페인어이지만, 국민의 90% 이상이 스페인어를 사용 한다 (약 370만 명: 2011년).

2) 적도기니는 아프리카에서 유일하게 스페인어를 공용어로 쓰고 있는 나라이다. 북쪽으로는 카메룬, 남쪽으로는 가봉과 국경을 맞대고 있다. 수도인 말라보는 카메룬과 마주보고 있는 비오코 섬에 위치해 있다. 1968년에 스페인으로부터 독립했다. 주민의 약 90%가 스페인어를 쓰고 있고, 나머지는 프랑스어나 포르투갈어, 토속어를 쓴다 (약 177만 명: 2013년).

3) 볼리비아의 수도는 두 개다. 1825년 독립 당시 수도로 정해진 곳은 수크레였으나 내전(1898-1899년) 이후에 행정부와 입법부가 라파스로 이전했다. 현재 헌법 수도인 수크레에는 대법원과 헌법재판소 등 사법부가 위치해 있고 행정 수도인 라파스에는 국회와 행정부가 자리하고 있다.

중남미의 타 언어 사용 국가들

중남미와 카리브 해 지역에는 위의 스페인어 사용 국가들 이외에도 많은 나라들이 있다. 영어, 포르투갈어, 프랑스어, 네덜란드어 등이 쓰이고 일부 국가에서는 스페인어도 통용된다.

중미: 벨리즈(영)

카리브 해: 바하마(영), 바베이도스(영), 도미니카연방(영),[4] 그라나다(영), 아이티(프), 자메이카(영), 세인트 키츠 네비스(영), 세인트 빈센트 그라나딘(영), 안티구아 바르부다(영), 세인트 루시아(영), 트리니다드 토바고(영)

남미: 가이아나(영), 수리남(네), 프랑스령 기아나(프), 브라질(포)

스페인어가 통용되는 국가들

안도라: 스페인과 프랑스 사이, 피레네 산맥 속에 있는 작은 나라이다. 형식상으로는 독립국이지만 국가 원수는 프랑스 대통령과 스페인의 우르헬 대주교 두 명이 공동으로 맡고 있다. 스페인어와 프랑스어가 모두 통용된다. (인구 약 76,000명: 2013년)

벨리즈: 멕시코의 유카탄 반도 남부, 과테말라 동쪽에 위치해 있는 나라이다. 영연방 국가로 공용어는 영어이지만 스페인어도 통용된다. (인구 약 356,000명: 2012년)

4) 공식 명칭은 Commonwealth of Dominica이고 공용어는 영어이다. 스페인어를 사용하는 도미니카 공화국(República Dominicana)과는 다른 나라이다.

트리니다드 토바고: 카리브 해에 위치해 있는 섬나라이다. 영연방 국가로 공용어는 영어이지만, 중남미 국가들, 특히 가까이에 있는 베네수엘라와의 교역 증대로 인해 정부 차원에서 스페인어 교육을 적극 장려하고 있다. 가장 큰 섬인 트리니다드는 베네수엘라 해안에서 겨우 11㎞ 정도 떨어져 있다. 2020년에는 영어와 더불어 스페인어가 공용어로 채택될 예정이라고 한다. (인구 약 130만: 2005년)

모로코: 공용어는 아랍어이고 프랑스어가 우세한 국가이지만, 스페인어가 통용되는 지역도 있다. 스페인 령 자치도시인 세우타와 멜리야의 영향으로 주변에 있는 테투안, 탕헤르, 라라체, 나도르 등에서도 스페인어 사용 빈도가 매우 높다. 스페인과 가까운 북부 지역에서는 스페인 라디오와 텔레비전 시청이 가능하다. 라밧, 카사블랑카, 페스, 마라케시 등의 대도시에서도 스페인어 사용 인구가 많다. 남서부 해안에 이프니라는 지역이 있다 (대표 도시는 시디 이프니). 1969년까지 스페인령이었다가 모로코에 반환된 지역이다. 공용어는 아랍어이지만, 이곳에서도 스페인어가 통용된다. 이 나라에 세르반테스 연구소가 6개나 있을 정도로 관계가 밀접하다.

서사하라: 모로코 남쪽, 대서양 지역에 위치해 있는 이 나라는 19세기 말 스페인이 모로코로부터 점령한 지역이다 (면적 약 266,000㎢). 1973년부터 자치정부인 폴리사리오 인민해방전선이 결성되어 독립 운동을 전개했다. 1975년 스페인의 영향력이 약화된 틈을 타 모로코가 군대를 파견함으로써 폴리사리오 측과 내전이 격화되었다. 1976년 스페인이 철수하면서 모로코와 모리타니아에 분할 귀속되었다. 1979년 모리타니아는 영유권 포기를 선언했으나 모로코는 2015년 현재까지 영유권을 주장하고 있다. 1980년 유엔신탁통치위원회는 폴리사리오 인민해방전선을 주민 대표로 인정했으나 모로코의 반대로 독립을 위한 국민투표는 아직 이루어지지 못하고 있다. 전 세계에서 70여 개 국만이 독립을 승인하고 있다. 아직도 내전 상태로 유엔평화유지군이 활동 중이다. 주민 대부분이 이슬람교도이다. 실제 공용어는 아랍어이지만 법률상 공용어는 스페인어이다. 일상생활에서도 스페인어가 통용된다. (인구 약 523,000명: 2012년)

Nota

Los Pirineos
Santiago de Compostela
Galicia
Asturias
Cantabria
Bilbao
País Vasco
Navarra
Pamplona
Burgos
La Rioja
Aragón
Cataluña
Valladolid
Castilla y León
Río Ebro
Zaragoza
Barcelona
Río Duero
Salamanca
Segovia
Madrid
Menorca
Mallorca
Río Tajo
Toledo
Valencia
Valencia
Extremadura
Castilla-La Mancha
Ibiza
Islas Baleares
Albacete
Cáceres
Río Guadalquivir
Córdoba
Murcia
Sevilla
Andalucía
Granada
Cádiz
Gibraltar(R.U)
Ceuta(Esp.)
Melilla(Esp.)
Islas Canarias

México
Cuba
Rep. Dominicana
Puerto Rico(EE.UU.)
Guatemala
Honduras
El Salvador
Nicaragua
Costa Rica
Panamá
Venezuela
Colombia
Ecuador
Perú
Bolivia
Paraguay
Chile
Uruguay
Argentina

LECTURAS EN ESPAÑOL

GRAMÁTICA

인칭대명사: 주격과 소유격 전치형 (▶ 스페인어문법 기초다지기 2.1)

직설법 현재: ser와 estar (▶ 스페인어문법 기초다지기 2.2)

Lección 02

Hola, ¿qué tal?

La paciencia es amarga,
pero sus frutos son dulces.

[Jean Jacques Rousseau; 1712-1778]

Lección 02

Hola, ¿qué tal?

DIÁLOGO I En la Escuela de Idiomas

A

Secretaria	Su nombre, por favor.
Minsu	Mi nombre es Minsu.
Secretaria	¿Cuál es su nacionalidad?
Minsu	Surcoreana.
Secretaria	Bien. Y su dirección, por favor.
Minsu	Calle Jungang 10, Busan.[1]
Secretaria	¿Perdón? ¿Qué ciudad?
Minsu	Busan: b de Barcelona, u de Uruguay, s de Suiza, a de América, n de Navarra.[2]
Secretaria	Muchas gracias.

1) '10'은 diez라고 읽는다 (☞ '숫자'에 관한 자세한 사항은 6과 참조).

2) 각 알파벳을 대표하는 단어에 대해서, 항공사나 군대에서 쓰는 것은 정해져 있지만 일상 대화에서는 정해진 규정이 없다. 일반적으로 상호간에 이해 가능한 '많이 알려져 있는 지명'을 사용하며 적당한 것이 없을 때는 다른 명사도 쓴다.

B

Minsu Buenos días, profesora.

Profesora ¡Hola! Buenos días. ¿Cómo estás?

Minsu Estoy bien, gracias. ¿Y Ud.?

Profesora Muy bien, gracias.

[...]

Minsu Adiós. Hasta pronto.

Profesora Adiós.

DIÁLOGO II En la cafetería

A

Carmen	¡Hola! Buenas tardes. Yo soy Carmen Rodríguez.
Minsu	Buenas tardes. ¿Cómo estás?
Carmen	Muy bien, gracias. ¿Cuál es tu nombre?
Minsu	Minsu.
Carmen	¿De dónde eres?
Minsu	Soy de Corea del Sur. ¿Y tú?
Carmen	Soy de Colombia. Encantada.
Minsu	Mucho gusto.

B

Carmen	¿Dónde está tu Escuela de Idiomas?
Minsu	Está en el centro, cerca del metro Callao.
Carmen	¿Cómo es la escuela?
Minsu	No es grande, pero es bonita.
Carmen	¿Cómo son las instalaciones?
Minsu	Son limpias y modernas.
Carmen	¿Cómo son tus compañeros de clase?
Minsu	Son amables.
Carmen	¿Cómo son tus profesores?
Minsu	Son simpáticos, pero muy exigentes.

PASATIEMPO Sopa de letras

<보기>에 제시된 '동물'에 관한 어휘들을 빈칸에서 찾으시오.

보기

[가로] 사자, 고양이, 소, 돼지, 말, 호랑이, 개, 토끼
[세로] 쥐, 양

R	A	W	E	L	E	Ó	N	R	I	P	W
A	L	S	O	D	Y	C	U	G	A	T	O
T	U	S	V	A	C	A	Q	O	P	A	V
Ó	F	A	C	E	R	D	O	J	I	Ñ	E
N	J	C	A	B	A	L	L	O	X	U	J
R	T	I	G	R	E	Z	E	C	S	I	A
Y	A	M	P	E	R	R	O	J	Ñ	E	T
J	C	O	N	E	J	O	L	Ñ	E	P	A

노천카페

마드리드에는 수많은 바와 카페가 있다. 골목마다 있어 공동체의 중심이라고 해도 과언이 아닐 정도로 많은 이들이 즐겨 찾고 있다. 가족, 연인, 친구들끼리 삼삼오오 마주앉아 잡다한 일상사나 연예인 이야기, 정치 이야기, 축구나 투우 이야기 등 온갖 주제들을 갖고 잡담을 나눈다. 날씨가 좋을 때에는 밖에도 탁자를 설치해 놓는다.

노천카페로 유명한 곳은 단연 도심의 광장이다. 주택가나 대로변처럼 번잡하지 않아 조용하게 고풍스러운 건물들을 감상할 수 있는 공간이다. 여행의 즐거움 중 하나는 느긋하게 이런 노천카페에 앉아 따뜻한 햇살을 받으며 주변 풍경을 감상하는 것이다. 한적한 오후, 고색창연한 마드리드의 솔 광장이나 마요르 광장에 앉아 즐기는 맥주나 커피 한 잔의 여유는 진정 삶을 풍요롭게 해줄 것이다. 이국적 풍광도 즐기고 오가는 사람들의 일상생활을 직접 보고 느끼는 데는 노천카페만한 곳이 없을 것이다. 혹시 운이 좋아 직접 추러스를 만들어 파는 카페을 만난다면 금상첨화일 것이다. 갓 뽑아 기름에 튀긴 말랑말랑한 추러스를 따끈한 초콜릿에 찍어 먹는 그 맛은 영원히 잊지 못할 것이다. 추러스가 없다면 타파스로 눈을 돌리는 것도 현명한 선택이다. 주로 술안주로 내놓는 간단한 요리지만, 카페마다 자신 있게 내놓는 것들이 있으니 꼭 맛보기 바란다. 생맥주 한 잔과 함께 하는 그 맛 또한 일품이다.

Nota

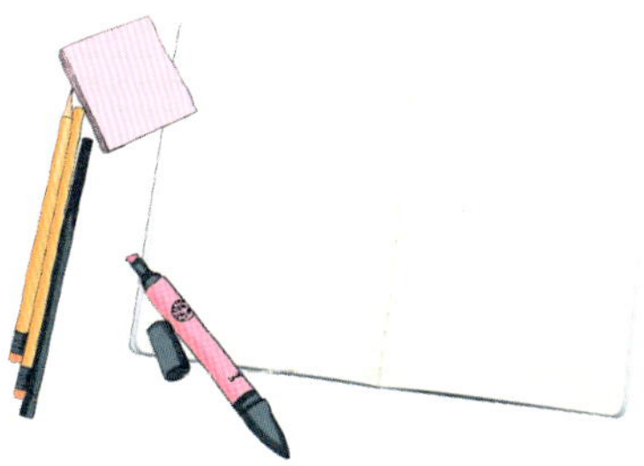

LECTURAS EN ESPAÑOL

GRAMÁTICA

규칙동사의 직설법 현재 (▶ 스페인어문법 기초다지기 3.1)
형용사의 위치와 어미 탈락 (▶ 스페인어문법 기초다지기 3.2)

Lección 03

Hablas bien español

El éxito consiste en vencer el temor al fracaso.

[Charles Augustin Sainte-Beuve ; 1804-1869]

Lección 03

Hablas bien español

DIÁLOGO I En un bar

A

Pedro ¡Hola! Soy Pedro. Mucho gusto.

Miran Soy Miran. Encantada.

Pedro ¿De dónde eres?

Miran Soy de Corea del Sur. ¿Y tú, de dónde eres?

Pedro Soy mexicano. Soy de Guadalajara.
Hablas bien español.

Miran Gracias.

B

Pedro ¿Eres estudiante aquí, en Madrid?

Miran Sí, soy estudiante.
Estudio en la Universidad Complutense.

Pedro ¿Qué estudias?

Miran Estudio Política Internacional.

Pedro ¡Guay![1] Entonces hablas varios idiomas, ¿no? ¿Cuántos idiomas hablas?

Miran Tres: coreano, inglés y español.

Pedro Hablas bien español.

Miran Gracias, pero todavía no hablo tan bien. Necesito practicar más.

1) '이야!' 또는 '와우!'에 해당하는 감탄 표현이다.

DIÁLOGO II En el campus

A

Diego Ana, ¿qué lees?

Ana Leo *Abel Sánchez*.

Diego ¿Quién es el autor?

Ana Es Miguel de Unamuno.

Diego ¿Es interesante?

Ana Sí. Es muy interesante, pero un poco difícil.

B

Diego ¿Dónde vives?

Ana Vivo en Cuatro Caminos. Está muy cerca de la Facultad. A solo 15 minutos en metro.

Diego Yo vivo en Moncloa. Tardo unos 10 minutos en autobús, desde aquí.
¿Con quién vives?

Ana Vivo con dos compañeras. Compartimos piso. ¿Y tú?

Diego Yo vivo en el Colegio Mayor San Agustín.

PASATIEMPO La conjugación del verbo

Profesora Jaimito, la conjugación del presente de indicativo del verbo *nadar*, por favor.

Jaimito (*En voz muy alta*) YO NADO, TÚ NADAS, UD. NADA...

Profesora Por favor, Jaimito, más bajo.

Jaimito (*En voz muy baja*) Yo buceo, tú buceas, Ud. bucea...

주말 나들이

마드리드에서 1~2시간 거리에는 세계적으로 유명한 유적들이 많다. 우선 권할만한 곳은 톨레도이다. 시내 전체가 유네스코 세계유산으로 등록되어 있을 정도로 중세 스페인의 모든 문화가 온전히 녹아 있는 보물창고이다. 성 안의 구도심은 기독교, 유대교, 이슬람교의 문화가 공존하며 고스란히 보존되어 있는 현대 속의 중세이다. 중세 스페인, 아니 중세 유럽을 제대로 보고 싶다면 꼭 가볼 만한 곳이다.

번잡한 도시를 벗어나 조용히 차를 한 잔 음미하고 싶다면 아랑후에스를 권한다. 타호 강을 끼고 조성된 별궁의 정원이 아름답다. 특히 가을 정취를 만끽할 수 있는 곳이다. 한적한 카페에 앉아 조용히 눈을 감고 '아랑후에스 협주곡'을 들어보면 선율에 따라 변하는 라만차의 풍경이 고스란히 머릿속에 그려질 것이다. 여기서 가까운 곳에 있는 친촌도 좋다. 작고 깨끗한 시골 마을이다. 가기 전에 꼭 고야가 그린 '친촌 백작부인'을 보고 그 이면에 얽힌 19세기 스페인 왕실의 굴곡진 역사를 공부해 보는 것도 좋을 것이다.

엘 에스코리알 궁도 가볼 만한 곳이다. 에레라 양식으로 지어진 웅장한 건물이 인상적이다. 옛 스페인의 영화(榮華)를 짧지만 깊게 음미할 수 있는 곳이다. 가까운 곳에 망자들의 계곡이 있다. 돌산에 동굴을 뚫어 성당과 프랑코 총독의 무덤을 만들어 놓았다. 산 위에는 거대한 십자가가 서 있다. 스페인 내전의 아픔이 서린 곳이다.

'돈키호테의 길'를 걸어보는 것도 좋은 추억이 될 것이다. 머리도 식힐 겸 소설 속의 주인공이 되어 잠시 속세를 떠나 보는 것도 좋은 일이다. 풍차도 보고 둘시네아 공주가 살았던 엘 토보소에도 들른다. 공주의 집에 가면 과거 공주가 썼다는 각종 집기들이 아직도 남아 있다. 소설 속 이야기가 현실화된 공간이다. 이왕 내려간 김에 근처 레스토랑에서 토끼나 메추리 등 마을에서 사냥한 것으로 만든 토속 음식을 꼭 맛 볼 일이다. 진정한 스페인의 맛을 느낄 수 있을 것이다.

LECTURAS EN ESPAÑOL

GRAMÁTICA

직설법 현재: poder, querer, pedir (▶ 스페인어문법 기초다지기 4.1)

hay와 estar의 용법 (▶ 스페인어문법 기초다지기 4.2)

Lección 04
¿Dónde está el Museo del Prado?

Pienso, luego existo.

[René Descartes; 1596-1650]

Lección 04

¿Dónde está el Museo del Prado?

DIÁLOGO I En el centro de Madrid

Mario ¿Dónde está el Museo del Prado?

Sofía Está en el Paseo del Prado. Está cerca de la estación del metro Banco de España o de la de Atocha.

Mario ¿Qué hay en ese museo?

Sofía Hay muchas pinturas famosas de El Greco, Velázquez, Murillo, Goya, etc.

Mario ¿*El Guernica* también está en el Museo del Prado?

Sofía No. *El Guernica* está en el Museo Reina Sofía. En ese museo hay varias obras de Dalí y Miró también.

Mario ¿Hay una boca de metro cerca de ese museo?

Sofía Claro que sí. La estación de Atocha está muy cerca del museo. Los dos museos no están muy lejos el uno del otro.

DIÁLOGO II En una bocadillería

Empleado ¿Qué quiere, señorita?

Margarita El Menú A.[1] El bocadillo es de jamón con tomate, ¿no?

Empleado Sí, exactamente. También puede escoger una bebida.

Margarita Una Coca-cola, de tamaño mediano.

Empleado ¿Quiere algo más?

Margarita Sí. En este menú están incluidas las patatas fritas, ¿no?

Empleado Sí, señorita.

Margarita ¿Puedo pedir la ensalada en su lugar?

Empleado Por supuesto que sí, señorita.

Margarita Gracias.

Empleado ¿Algo más?

Margarita Nada más.

Empleado Ya está. Son 20 euros.[2] Gracias.

1) 햄버거 가게의 세트 메뉴는 숫자로 표시하거나 고유한 이름을 붙이기도 한다. 세트메뉴를 갖춰 놓지 않은 경우에는 원하는 것을 하나씩 주문해야 한다.
2) '20'은 veinte라고 읽는다 (☞ '숫자'에 관한 자세한 사항은 6과 참조).

PASATIEMPO Sopa de letras

<보기>에 제시된 '가족관계'에 관한 어휘들을 빈칸에서 찾으시오.

보기

[가로] 어머니, 아버지, 할아버지, 조카, 손자, 사촌, 형제, 남편
[세로] 아들, 삼촌

H	D	E	M	A	D	R	E	J	S	A	X
I	R	P	A	D	R	E	Ñ	U	D	I	P
J	I	N	A	B	U	E	L	O	M	U	V
O	R	U	P	S	O	B	R	I	N	O	Ñ
R	U	Y	A	Z	N	I	E	T	O	Y	T
M	P	R	I	M	O	J	I	M	U	R	Í
A	D	R	U	C	H	E	R	M	A	N	O
N	A	N	E	S	P	O	S	O	L	E	K

프라도 미술관과 소피아왕비 미술관, 티센 미술관

프라도 미술관은 1819년 설립된 스페인의 대표적인 미술관이다. 정식 명칭은 '프라도 국립미술관'이다. 그레코, 고야, 벨라스케스, 리베라, 무리요, 반다이크, 루벤스, 티치아노, 틴토레토, 라파엘로 등 거장들의 작품이 수 천점 소장되어 있다. 19세기 이전 화가들의 작품을 위주로 소장하고 있다. 한 해 수백만 명이 찾는 세계적인 명소이다. 특히 세계적으로 널리 알려진 고야의 '옷 입은 마하'와 '옷 벗은 마하', 벨라스케스의 '라스 메니나스' 등을 직접 볼 수 있는 곳이다. 건물 자체도 예술품이다. 후안 데 비야누에바가 설계한 것으로 신고전주의 양식의 걸작으로 꼽힌다. 건물 주변 곳곳에 세워져 있는 유명 화가들의 동상들도 훌륭한 예술 작품이다.

소피아 왕비 미술관의 정식 명칭은 '소피아왕비 아트센터 국립미술관'이다. 1988년 국립병원이던 건물을 개조하여 국립미술관으로 개관하였으며 1992년 소피아 왕비의 이름을 붙였다. 건물은 프라도와는 달리 강철과 유리로 지어 현대적인 느낌을 더했으며 외부에 설치된 엘리베이터가 인상적이다. 현대 작가들의 작품을 주로 소장하고 있으므로 피카소, 미로, 달리, 타피에스 등 20세기 거장들의 작품을 감상할 수 있는 공간이다. 가장 널리 알려진 작품은 아마도 피카소의 '게르니카'일 것이다. 내전 당시 독일 공군의 폭격에 의해 폐허가 된 마을 게르니카의 참상을 표현한 걸작이다. 이 작품은 피카소의 유언에 따라 스페인이 민주화된 후인 1981년 스페인으로 돌아왔으며 1992년까지 프라도에 전시되어 있다가 이관되었다.

이들보다 규모가 작은 미술관으로는 티센-보르네미사 미술관이 유명하다. 티센 남작이 평생 모은 미술품들을 1992년 스페인 정부에 인도해 개관한 것으로 13~14세기 이탈리아에서 현대에 이르기까지 800여 점의 작품을 소장하고 있다. 반다이크, 루벤스, 모네, 르누아르, 고흐, 로트레크, 세잔, 피카소, 미로 등의 걸작들을 볼 수 있다. 파리에 오르세이가 있고 피렌체의 우피치가 있다면 마드리드에는 티센이 있다고 할 정도로 높은 수준을 자랑한다. 건물 또한 19세기 초반에 지은 것으로 신고전주의 양식의 걸작으로 꼽힌다.

프라도를 중심으로 두세 블록 거리에 이 세 미술관이 모두 위치해 있어 가까운 거리에서 품격 높은 문화를 다양하게 접할 수 있다.

Nota

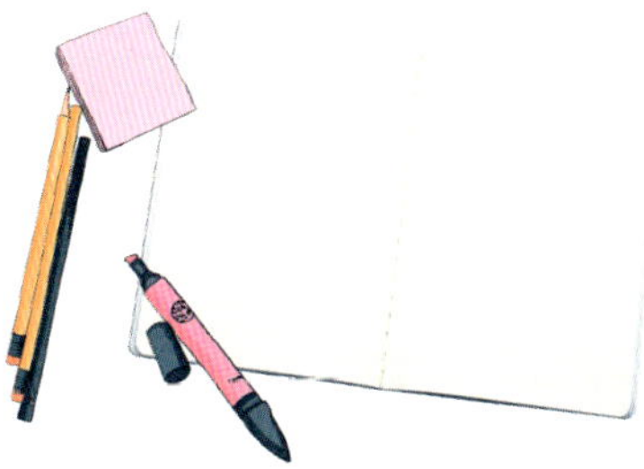

LECTURAS EN ESPAÑOL

GRAMÁTICA

직설법 현재: hacer와 tener (▶ 스페인어문법 기초다지기 5.1.1)

직설법 현재: decir (▶ 스페인어문법 기초다지기 5.1.2)

직설법 현재: saber와 conocer (▶ 스페인어문법 기초다지기 5.1.3)

직설법 현재: ir와 dar (▶ 스페인어문법 기초다지기 5.1.4)

직접목적격대명사와 간접목적격대명사 (▶ 스페인어문법 기초다지기 5.2)

Lección 05

¿Adónde vas?

Rima XXI

—¿Qué es poesía?, dices, mientras
clavas en mi pupila tu pupila azul.
¿Qué es poesía? ¿Y tú me lo preguntas?
Poesía... eres tú.

[Gustavo Adolfo Bécquer; 1836-1870]

Lección 05

¿Adónde vas?

DIÁLOGO I Entre los compañeros de clase

Marta ¿Qué clases tienes en este curso?

Lucas Español, Economía, Inglés, Cultura Europea, etc.

Marta ¿Cuál es tu favorita?

Lucas Economía es muy interesante.

Marta ¿Puedes decirme por qué?

Lucas La explicación del profesor es muy ordenada y clara. Con él entiendo casi todo y contesta bien a las preguntas de los estudiantes.

Marta ¡Qué suerte! ¿Tienes clase hoy?

Lucas Sí, español y ya casi comienza. Termina en dos horas.

Marta ¿No quieres tomar algo conmigo después?

Lucas ¿Por qué no? Conozco un buen lugar.

Marta Vale. Te llamo más tarde. Hasta pronto.

Lucas Chao.

DIÁLOGO II En la calle

Paula ¡Hola, Juan! ¡Tanto tiempo![1]

Juan ¡Hola, Paula! ¿Adónde vas?

Paula Voy a El Corte Inglés.[2] Voy a comprarme una falda y unas blusas. Y tú, ¿adónde vas?

Juan Yo voy al estadio Santiago Bernabéu.[3] Hoy hay un partido del Real Madrid contra el Barcelona.

Paula Guau,[4] va a ser una guerra.

Juan Creo que sí. Va a ser un partido fenomenal.

Paula ¿Qué vas a hacer mañana?

Juan Nada en especial, ¿por qué?

Paula ¿No quieres ir conmigo a la casa de Sofía? Ella va a comer con unos amigos. Es su cumpleaños.

Juan Entonces, voy a preparar un regalo para Sofía.

Paula Bien. Te llamo por teléfono mañana. Hasta luego.

Juan Hasta mañana.

1) '오랜만이야'라는 표현이다. 단독으로도 쓰이고 ¡Tanto tiempo sin verte!라고도 쓰인다 (☞ '목적대명사'에 관한 자세한 사항은 5과 참조). 유사한 의미로 ¡Hace mucho tiempo que no te veía!도 쓰인다. Hace tiempo는 Tanto tiempo와는 달리 주로 que절을 동반한다 (☞ '직설법 불완료과거' 시제에 관한 자세한 사항은 13과 참조).
2) 스페인에 있는 백화점이다.
3) 레알 마드리드 구단의 홈구장이다. 바르셀로나 구단의 홈구장은 Camp Nou이다.
4) '와우'에 해당하는 감탄사이다. ¡Vaya!, ¡Guay! 등도 쓰인다.

PASATIEMPO Sopa de letras

<보기>에 제시된 '운송수단'에 관한 어휘들을 빈칸에서 찾으시오.

보기

[가로] 버스, 자동차, 자전거, 비행기, 배, 오토바이, 트럭, 밴
[세로] 지하철, 택시

M	I	R	A	U	T	O	B	Ú	S	N	J
E	F	C	O	C	H	E	F	M	O	R	T
T	D	E	B	I	C	I	C	L	E	T	A
R	A	Ñ	Y	N	A	V	I	Ó	N	T	X
O	N	A	P	B	A	R	C	O	Ñ	W	I
K	M	O	T	O	H	A	F	E	D	I	L
C	A	M	I	Ó	N	M	E	L	I	T	E
E	F	U	R	G	O	N	E	T	A	M	U

스페인 축구

스페인에서 가장 인기 있는 스포츠는 단연 축구이다. 흔히 '라 리가'라고 불리는 스페인의 프로 축구 리그는 총 4부로 구성되어 있으며, 우리가 TV 중계를 통해 접하는 것은 그 중 1부 리그이다. 1928년 10개 팀으로 창설되어 현재는 20개 팀으로 운영되고 있다.

세계적으로 유명한 클럽으로는 레알 마드리드와 바르셀로나를 꼽을 수 있다. 1902년 창단된 레알 마드리드는 산티아고 베르나베우를 홈구장으로 삼고 있고, 1899년에 창단된 바르셀로나는 캄 노우를 홈구장으로 삼고 있다. 각각 해당 지역을 대표하는 구단으로서 경쟁심은 상상을 초월한다. 두 구단의 경기는 '엘 클라시코'라고 불릴 정도로 유명하며, 경기가 열리는 날이면 거리가 한산해지고 전 세계 축구 팬들의 이목이 집중된다. 마드리드를 연고로 하는 또 다른 팀으로 아틀레티코 데 마드리드가 있다. 1903년 창단된 유서 깊은 팀이다. 홈구장은 비센테 칼데론이다. 초창기부터 레알 마드리드와 라이벌 관계를 형성하고 있으며 두 팀 간의 경기는 '마드리드 더비'라 불린다. '엘 클라시코' 만큼이나 열기가 뜨겁다.

축구에서는 경기를 관람하는 것뿐만이 아니라 그 결과를 맞추는 '키니엘라(Quiniela)'라는 복권도 또 다른 즐길 거리이다. 매주 1부 리그 20개 팀의 10경기와 2부 A리그의 22팀 중 10개 팀의 5경기, 총 15경기의 결과를 맞추는 복권이다. 국가대표 경기가 열리는 주에는 스페인 국가대표 경기와 주요 외국팀 세 경기, 2부 A리그 11경기를 대상으로 실시된다. 방식은 홈팀 승리를 예상하면 1, 원정팀 승리를 예상하면 2, 비김을 예상하면 x란에 긋는다. 당첨 확률을 높이기 위해 예상 결과를, 예를 들어 홈팀 승리와 비김 또는 양 팀 모두 승리 등처럼 더 그을 수도 있는데, 한 번 더 그을 때마다 내는 돈은 배가 된다. 수많은 사람들이 매주 자신의 예리한 분석력과 예측력에 뿌듯해 하며 기세 좋게 '한 방'을 노리지만, 아쉽게도 인생역전을 이루는 경우는 매우 드물다. 15경기의 결과를 다 맞추기도 힘들거니와 1등이 돼도 보통 여럿이 나누어 갖는 경우가 많기 때문이다. 믿었던 팀이 경기 막판에 '배신'하는 경우가 속출하고 여러 명이 페냐라 불리는 조합을 결성해 거액을 공동 투자하기 때문이다. 그러나 결과가 좀 씁쓸해도 축구에 관심을 갖고 즐기는 또 다른 방식임에는 틀림없다. 1등 상금액은 총 판매액의 약 10%이며 당첨자가 없으면 그 다음 주로 이월돼 배가 된다. 이렇게 '신의 유혹'은 계속된다.

Nota

LECTURAS EN ESPAÑOL

GRAMÁTICA

기수 (▶ 스페인어문법 기초다지기 6.1)

서수 (▶ 스페인어문법 기초다지기 6.2)

Lección 06
¿Cuál es tu número de teléfono?

La vida es dos pasos adelante y uno atrás.

[Oriol Bohigas Guardiola; 1925-]

Lección 06

¿Cuál es tu número de teléfono?

DIÁLOGO I En la parada de autobuses

Ana ¡Hola, Pedro! ¡Cuánto tiempo![1)]

Pedro ¡Hola, Ana! ¡Qué sorpresa! ¿Cómo estás?

Ana Muy bien, ¿y tú?

Pedro Bien. ¿Qué número esperas?

Ana El 177. Y tú, ¿cuál tomas?

Pedro Yo tomo el 89. ¿Dónde vives?

Ana Vivo en Somosaguas, bastante lejos de aquí. Tardo unos 40 minutos en autobús. ¿Y tú?

Pedro Yo vivo en la Puerta de Hierro, cerca de aquí. Tardo solo 15 minutos en autobús.

Ana Ahí viene mi autobús. Adiós.

Pedro Un momentito, Ana. ¿No tienes mi número de teléfono?

Ana Creo que no. A ver... No.

Pedro Es el 619-25-76-49.

Ana Bueno, lo voy a guardar en mi móvil. Chao.

1) '오랜만이야!'라는 뜻으로 ¡Tanto tiempo!와 같은 의미로 쓰인다.

DIÁLOGO II En una entrevista

Empleada ¿Dónde vive Ud.?

Javier Vivo en Saconia.

Empleada ¿Cuál es su dirección?

Javier Calle Antonio Machado, 12, 5º-C.

Empleada ¿Y el código postal?

Javier 28049, Madrid.

Empleada ¿Cuál es su número de teléfono?

Javier Es el 010-2766-0579.

Empleada ¿Cuál es su e-mail?[2]

Javier javiguapo@gmail.net.[3]

Empleada Gracias.

2) '전자우편'은 correo electrónico이지만 e-mail이라고도 쓴다.

3) @는 arroba라고 읽는다. 한국에서 흔히 쓰이는 '골뱅이'에 해당하는 스페인어 어휘는 caracol '달팽이'이다. 이 표현은 아직 국제적으로 통용되지는 않지만 외국인들도 쉽게 이해하고 재미있어 한다.

PASATIEMPO Un kilo de azúcar

Un señor entra en un bar y le dice al camarero:

- ¿Cuánto cuesta un café?

- 1,50 euros.[4] - responde el camarero.

- ¿Y el azúcar?

- Es gratis.

- Pues me da un café con leche y un kilo de azúcar, por favor.

4) Uno con cincuenta euros라고 읽는다. Un euro cincuenta céntimos '1유로 50센티모'라는 의미이다. céntimo는 euro보다 작은 단위로 '1 euro=100 céntimos'이다.

스페인의 축제들

Las Fallas

3월 12일부터 성 호세 성인의 날인 19일까지 발렌시아에서 열리는 축제이다. 수 십 미터에 달하는 각종 모양의 인형들이 광장 곳곳에 전시되어 관광객들을 맞는다. 이 인형들을 파야(falla)라고 한다. 나무와 종이 같이 불에 잘 타는 재료로 만든다. 마지막 날 밤 자정에 일제히 태우는데 시내를 뒤덮는 거대한 불꽃이 장관을 이룬다. 우리의 쥐불놀이처럼 겨우내 묵었던 때를 말끔히 태우고 새 봄을 맞이하고자 하는 염원이 담겨 있다고 한다.

Las Procesiones

부활절 주간에 전국적으로 열리는 축제이다. 교구마다 수 십 명의 신도들이 예수 그리스도나 성모 마리아의 성상을 안치한 가마를 메고 거리를 행진한다. 수백 명이 그 뒤를 따른다. 십자가를 메고 따르기도 하고, 검은 또는 흰 두루마기에 고깔 모자를 깊숙이 눌러 쓴 기괴한 중세풍의 복장으로 뒤를 따르기도 한다. 엄숙하고 장엄하게 진행된다. 부활절은 유대교의 유월절(逾越節) 전통에서 유래했다고 한다. 시기는 니케아 공의회(325)에서 결정된 바에 따라 '춘분 후 첫 보름 다음에 오는 첫 일요일'이다. 따라서 정확한 날짜가 정해진 것은 아니고 대개 3월 말에서 4월 초 사이에 놓인다.

Los Sanfermines

팜플로나의 수호성인인 성 페르민의 날인 7월 7일부터 14일까지 열린다. 일명 '소몰이축제'로도 알려져 있다. 매일 아침 수십 마리의 소를 우리에서 풀어놓고 투우장까지 함께 뛰는 행사가 백미이다. 특별한 참가 규정은 없지만 대부분 흰 티셔츠에 빨간 머플러를 두른다. 약 800미터 정도 뛰는데 이 과정에서 일부 참가자들은 소뿔에 받히기도 한다. 세게 받힐수록 뉴스에 나올 확률이 높아진다. 전 세계 매스컴이 주목하는 축제이다.

La Tomatina

8월 마지막 수요일 발렌시아 지방에 있는 부뇰에서 열리는 토마토 축제이다. 시에서 잘 익은 토마토를 서너 트럭 제공한다. 축제가 시작되면 아무에게나 아무 곳에나 집어 던질 수 있다. 1시간 동안 지속된다. 토마토 즙 때문에 주로 수영복이나 버려도 좋은 헌 옷을 입고 참가한다. 눈을 보호하기 위해서 고글을 쓰기도 한다. 토마토로 스트레스도 풀고 즙으로 전신마사지도 할 수 있는 좋은 기회이다.

7월에 팜플로나에서 소꼬리 잡고 뛰는 기회를 놓쳤다면 여기서 토마토로 스트레스를 푸는 것도 좋은 방법이다. 이 중 하나는 해봐야 스페인 축제를 제대로 즐겼다고 할 수 있을 것이다.

Nota

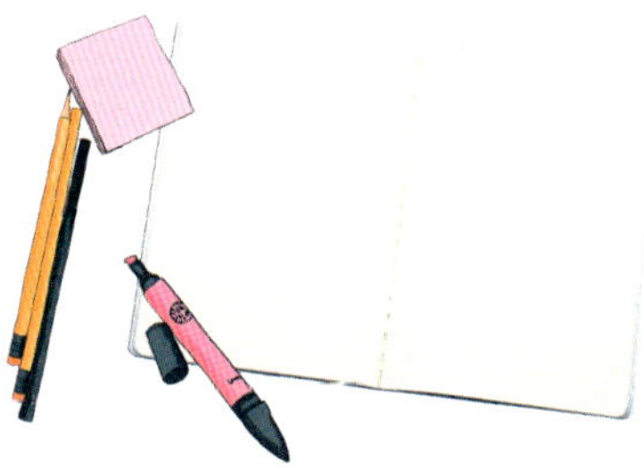

LECTURAS EN ESPAÑOL

GRAMÁTICA

재귀대명사와 재귀동사 (▶ 스페인어문법 기초다지기 7.1)

시간 (▶ 스페인어문법 기초다지기 7.2)

요일과 날짜 (▶ 스페인어문법 기초다지기 7.3)

gustar류의 동사들 (▶ 스페인어문법 기초다지기 7.4)

Lección 07

¿A qué hora te levantas?

A buen árbol te arrimas, buena sombra te cobija.

[Proverbio español]

Lección 07

¿A qué hora te levantas?

DIÁLOGO La vida diaria de mamá

Carolina Mi mamá es una 'supermujer'.

Mario ¿De verdad? ¿Por qué?

Carolina Se levanta a las 5:30 todos los días. Se ducha y prepara el desayuno para toda la familia. Después se va a la escuela porque es maestra de una secundaria. Termina sus clases a las 4:30 de la tarde. Después va a hacer la compra al mercado, regresa a casa a eso de las 6:00 y limpia la casa. Luego prepara la cena. Por la noche, antes de dormir, plancha la ropa.

Mario De verdad es una 'supermujer'. ¿A qué hora se acuesta?

Carolina En general se acuesta a las 11:30.

LECTURA La vida diaria de España y Corea

El horario de un individuo varía de cultura a cultura.

En España generalmente uno se levanta temprano por la mañana, trabaja hasta las dos y almuerza en casa o en un restaurante cerca del trabajo. Después, descansa un rato y a las cuatro regresa al trabajo. Dormir un rato después de la comida se llama 'la siesta'. En la actualidad pocas personas duermen la siesta. Un español no termina de trabajar hasta las ocho o nueve de la noche. Cena tarde, normalmente a las diez y descansa o charla en casa con la familia.

En Corea, por otra parte, una persona generalmente se levanta temprano por la mañana y pasa ocho horas en el trabajo. Regresa a casa aproximadamente a las seis y cena más o menos a las siete. Ve la televisión y se acuesta a eso de las doce. Sin embargo, muchos hombres salen del trabajo muy tarde por la noche y regresan a casa a eso de la medianoche. Los coreanos tienen casi la misma rutina cada día.

PASATIEMPO Sopa de letras

<보기>에 제시된 '운동종목'에 관한 어휘들을 스페인어로 바꿔 빈칸에 쓰시오.

보기

[가로] 배구, 핸드볼, 스케이팅, 스키, 야구, 수영, 육상, 농구
[세로] 테니스, 축구

	V										
T		B									
		P									F
			E								
		B									
		N									
			A								
B											

할인제도 이용하기

스페인의 영화관과 극장, 볼링장 등 각종 공연장과 미술관 등에는 수요일 오후에 청소년들에게 할인 혜택을 준다. 주머니가 가벼운 학생들이 평소 비싸서 보지 못하던 공연을 거의 반값에 볼 수 있는 좋은 기회이다. 업소 입장에서도 주중 오후 한적할 때 싼 값으로나마 손님을 받을 수 있으니 과히 나쁠 것은 없는 제도이다. 그래서 그런지 수요일 오후가 되면 학생들은 기다렸다는 듯이 삼삼오오 모여 각종 문화 혜택을 즐긴다. 프라도와 소피아왕비 미술관은 요일에 상관없이 폐관 두 시간 전부터는 입장료를 받지 않는다. 겨우 2시간 동안만 관람할 수 있으므로 수많은 그림들을 다 차분하게 감상하기에는 턱없이 부족한 시간이지만, 그래도 공짠데 어딘가. 짬짬이 시간을 내 공짜 관람을 즐기다 보면 언젠가는 다 보지 않겠는가. 이밖에도 토요일 오후나 특정일에 무료로 개방하는 경우가 종종 있으니까 잘 살펴볼 일이다.

스페인에 거주 중인 사람이라면 '유럽청소년증(**Carné Joven Europeo**)'을 이용하면 더 다양한 할인 혜택을 누릴 수 있다. 유럽 대부분의 나라에서 통용되므로 해외여행 시에 유용하게 활용할 수 있다. 14~29세까지의 청소년이면 누구나 요일에 상관없이 교통, 숙박, 문화관람, 쇼핑 등 다양한 분야에서 할인 혜택을 받을 수 있다. 발급비를 내야 하지만 가끔 홍보 기간에 공짜로 발급해주기도 하므로 이 또한 잘 이용하면 좋다. 기차 여행을 위한 것으로는 '인터레일'과 '유레일패스'가 있다. 스페인 거주 중이라면 인터레일을, 아니라면 유레일패스를 이용할 수 있다. 유럽 거의 모든 도시를 싸고 편리하게 여행할 수 있으며 사용 기간과 등급, 연령에 따라 종류와 가격이 다양하다. 이밖에도 저가 여행상품들이 수시로 나오므로 잘 살펴보면 저렴한 가격으로 다양한 문화를 체험할 수 있다.

LECTURAS EN ESPAÑOL

GRAMÁTICA

의문사 (▶ 스페인어문법 기초다지기 8.1)

날씨 (▶ 스페인어문법 기초다지기 8.2)

계절 (▶ 스페인어문법 기초다지기 8.3)

Lección 08

¿Qué tiempo hace?

Cuando llueve, comparto mi paraguas;
si no tengo paraguas, comparto la lluvia.

[Enrique Ernesto Febbraro; 1924-2008]

Lección 08

¿Qué tiempo hace?

DIÁLOGO En el mercado

Dueño	¡Hola! Buenas tardes.
Julia	Buenas tardes.
Dueño	¿Qué desea Ud.?
Julia	¿A cuánto están las naranjas?
Dueño	A dos euros el kilo.
Julia	Pues me da tres kilos.
Dueño	Aquí tiene. ¿Algo más?
Julia	Sí, medio kilo de peras.
Dueño	Aquí tiene. ¿Qué más quiere?
Julia	Nada más. ¿Cuánto es en total?
Dueño	Son 6,50 euros.
Julia	Aquí tiene 7 euros.
Dueño	Gracias. Aquí tiene la vuelta, 50 céntimos.
Julia	¿Dónde venden jamón ibérico?
Dueño	Allí, en la charcutería. Está en la esquina.
Julia	Gracias. Adiós.
Dueño	A Ud. Hasta luego.

LECTURA Las estaciones de Corea, España y América Latina

Tanto en Corea como en España el año tiene cuatro estaciones. Las cuatro estaciones son diferentes y especiales. En primavera hace fresco, hay muchas flores y a veces llueve. En verano hace calor, el sol brilla en el cielo y llueve mucho. Es la estación de la playa. ¡Qué bien! En otoño el clima es agradable y empieza a hacer frío poco a poco. Las hojas cambian de color y caen de los árboles. ¡Qué pena! En invierno hace bastante frío y nieva mucho en la sierra. Es la estación de la calefacción.

Sin embargo, la mayoría de los países de América Latina no tienen las cuatro estaciones tan definidas. La estación es opuesta a la de Corea en las zonas meridionales. Por ejemplo, cuando es verano en Corea, en Argentina es invierno. El clima varía según la latitud y la altitud sobre el nivel del mar. En la Amazonia el clima es tropical o subtropical, en las ciudades de los Andes es templado y en el sur, como en la Patagonia, es árido y frío.

PASATIEMPO Sopa de letras

<보기>에 제시된 '의류'에 관한 어휘들을 스페인어로 바꿔 빈칸에 쓰시오.

보기

[가로] 바지(pl.), 양말(pl.), 머플러, 장갑(pl.), 셔츠, 외투, 넥타이, 자켓
[세로] 치마, 브라우스

F		P									
		C									
			B								
			G								B
		C									
		A									
	C										
			S								

팜파스와 파타고니아

팜파스는 부에노스아이레스를 중심으로 대략 600~700km 정도의 길이로 길쭉한 반원을 그린 지역을 가리키는 말이다. 전체 면적은 약 75만㎢ 정도 된다. 북쪽으로는 그란차코, 남쪽으로는 파타고니아, 서쪽으로는 안데스 산맥에 이르는 지역이다. 안데스와 맞닿은 곳은 남북 방향보다 길이가 상대적으로 짧다. 원주민어로 '평원'이라는 뜻인데, 말 그대로 한반도(??만㎢)의 서너 배에 달하는 광활한 대초원 지대이다. 차로 몇 시간을 달려도 눈앞에 보이는 것이라곤 푸른 지평선뿐일 정도로 드넓은 대평원이다. 이 팜파스를 빼놓고는 그 어느 곳도 '광활하다'는 말을 붙일 수 없을 정도이다. 언 강수량은 지역에 따라 500~1000mm 정도이다. 토질이 비옥해 밀, 옥수수 등의 곡물이 많이 생산되며 소, 말, 양 등의 목축도 활발하다. 특히 소고기는 육질이 연하고 즙이 풍부해 세계 최고의 맛을 자랑한다. 이 대초원에서 가축을 기르는 목동을 가우초라고 부른다.

파타고니아는 팜파스의 남쪽 지역이다. 아르헨티나와 칠레에 걸쳐 있으며 총넓이는 약 100만㎢에 이른다. 이중 75% 정도가 아르헨티나에 속해 있다. 지명은 1520년 마젤란 일행이 처음 이 지역에 와서 본 원주민의 발자국이 유난히 큰 것을 보고 이들을 patagones '발이 큰 사람들'이라고 부른데서 유래했다고 한다. 기후는 팜파스보다 평균 기온이 더 낮고 건조하다. 남쪽으로 내려갈수록 더 혹독해진다. 바람과 황량함으로 특징지어지는 지역이다. 라마, 여우, 살쾡이, 퓨마, 독수리, 매, 뱀, 펭귄, 바다사자 등 야생 동물들의 천국이다. 안데스 산맥 끝자락에 바릴로체라는 유명한 휴양지가 있다. 천연의 아름다움이 그대로 살아 있는 숲과 나우엘 우아피 호수가 절경이며 스키 철에는 전 세계에서 마니아들이 몰려든다. 칠레와 아르헨티나의 국경이 만나는 티에라 델 푸에고 지역은 석유와 천연가스를 비롯한 각종 지하자원이 매장되어 있는 곳이며 남극 보급기지와 관광지로 각광받고 있다.

Nota

LECTURAS EN ESPAÑOL

GRAMÁTICA

현재분사 / 현재진행형 (▶ 스페인어문법 기초다지기 9.1)
과거분사 (▶ 스페인어문법 기초다지기 9.2)
직설법 현재완료 (▶ 스페인어문법 기초다지기 9.3)
수동 구문 (▶ 스페인어문법 기초다지기 9.4)

Lección 09

¿Qué estás haciendo?

Una persona perezosa es un reloj sin agujas, siendo inútil tanto si anda como si está parado.

[Enrique Ernesto Febbraro; 1924-2008]

Lección 09

¿Qué estás haciendo?

DIÁLOGO Acerca del pasatiempo favorito

Isabel ¿Qué te pasa? Te veo muy cansado.

Alejandro Estoy agotado. He jugado videojuegos hasta las 6 de la mañana.

Isabel ¿Has pasado toda la noche haciendo tonterías? Eres muy vago.

Alejandro Es mi pasatiempo favorito. Tú, ¿qué haces en tu tiempo libre?

Isabel Me gusta ver películas. Pero yo no paso toda la noche viendo películas. ¿No te gusta el cine?

Alejandro Depende del tipo. Las de acción o las de ciencia ficción sí, pero las de amor no mucho. ¿Qué tipo de películas te gusta más?

Isabel A mí me gustan las de amor. ¿Por qué no te gustan las de ese tipo?

Alejandro Son muy aburridas para mí. Siempre me dan sueño esas películas.

Isabel ¡Todos los hombres son iguales!

LECTURA Un e-mail desde Salamanca

¡Hola, amigo! Por fin ha empezado hoy el curso. ¿Sabes cómo ha sido la primera clase? Horrible. No he entendido casi nada a mi profesora. Me muero de vergüenza. Parece que los otros compañeros la han entendido bien. Los profesores son simpáticos, pero exigentes y el curso es muy duro. Estoy muy preocupado. Tengo que preparar las lecciones y estudiar muchísimo. He comprado unos libros para preparar el curso. Entre muchas asignaturas me interesan en particular la Historia de España y la Economía de la Unión Europea.

Me encanta esta ciudad. Tiene muchos edificios históricos y bonitos. La Universidad de Salamanca tiene mucha antigüedad y prestigio académico. Dicen que su historia se remonta al año 1218. Es la primera universidad de España y la tercera de Europa. Esta tarde unos compañeros del curso y yo hemos visitado la Catedral. Es muy solemne y hermosa. Es el edificio emblemático de la ciudad. Está muy cerca de los edificios de la Universidad. Luego nosotros hemos charlado en la Plaza Mayor acerca de varias cosas, tomando cerveza. Hemos hablado del curso, del fútbol y de nuestro futuro.

Mañana tengo clase de Historia de la Lengua Española. Para no quedar mal, tengo que leer antes el libro de texto. Este fin de semana planeo viajar por el norte de España con unos compañeros del curso. Después de regresar del viaje te escribo otra vez.

Chao,

LEE

PASATIEMPO El entierro del periquito

Un hombre encuentra a su vecino que está cavando un hoyo en el patio y le pregunta:

- Hola, vecino, ¿qué estás haciendo?
- Estoy cavando un hoyo para enterrar a mi periquito.
- ¿Y no es un agujero demasiado grande?
- ¡Es que mi periquito está dentro de tu maldito gato!

아빌라와 살라망카

아빌라는 마드리드에서 북서쪽으로 차로 1시간쯤 거리에 있다 (115km). 구도심은 아름다운 성벽으로 둘러싸여 있다. 성벽에 올라가서 보면 카스티야-레온의 들판 풍경이 한 눈에 들어온다. 저녁노을이 비추는 성벽의 모습은 아름답기 그지없다. 눈 덮인 주변 산봉우리를 배경으로 본다면 더욱 장관이다. 이 도시는 성녀 테레사의 고향이다. 베르니니가 조각한 '성녀 테레사의 환희'를 보면 그녀가 체험했을 신비주의적 깨달음의 정도를 가늠해 볼 수 있다. 그녀가 태어난 집은 아담한 성당으로 꾸며져 있다. 이곳의 특산물로 **Yemas de Ávila**가 있다. 계란 노른자로 만든 작은 빵이다. 성녀 테레사를 기려 **Yemas de Santa Teresa**라고도 부른다.

살라망카는 아빌라에서 북서쪽으로 약 1시간 정도 더 가면 나온다 (98km). 대학도시로 유명한 곳이다. 대학교의 역사는 1218년으로 거슬러 올라간다. 레온의 군주인 알폰소 9세가 기존의 성당 부속학교에 보편교육(**Estudio General**) 자격을 부여한 것이다. 이로써 일반인들에게도 입학 자격이 부여되고 고등교육기관으로서의 편재와 위상이 갖추어졌다. 볼로냐, 옥스퍼드, 소르본 등과 더불어 유럽에서 가장 오래된 대학교들 중 하나이다. 캠퍼스가 따로 있는 것이 아니라 대성당과 마요르 광장 사이에 대학본부와 각 단과대 건물들이 여기저기 흩어져 있다. 대학교 건물과 기숙사, 카페, 상점, 호텔, 개인집 등이 섞여 있다.

이 도시를 압도하는 것은 단연 대성당이다. 두 개가 있다. 구 성당은 14세기 말에 지어졌으며 바로 옆에 위치해 있는 신 성당은 18세기 초반에 완공되었다. 주민들의 생활 중심은 마요르 광장이다. 아담하면서도 스페인에서도 손꼽히는 아름다운 건축물이다. 1729~1756년 추리게라가 지은 대표적인 바로코 양식의 건물로 로코코적인 화려함과 우아함을 함께 갖추고 있다. 한 면이 약 80미터쯤 된다. 각 면의 길이가 조금씩 달라 약간 찌그러진 사각형 모양을 띠고 있는 것이 특징이다. 이밖에도 오랜 역사를 간직한 수도원과 교회를 비롯한 기념비적인 건축물들이 많이 있다. 스페인 전통을 가장 잘 보존하고 있는 카스티야-레온의 진수를 접하기에 좋은 곳이다. 1988년 구도심 전체가 유네스코 세계유산으로 등록되었다. 지방 특산물로는 기후엘로에서 나는 하몬 이베리코를 들 수 있다. 뛰어난 맛과 향을 자랑한다.

Nota

LECTURAS EN ESPAÑOL

GRAMÁTICA

비교급과 최상급: 규칙형 (▶ 스페인어문법 기초다지기 10.1)
부사 (▶ 스페인어문법 기초다지기 10.2)
수동의 se와 비인칭의 se (▶ 스페인어문법 기초다지기 10.3)

Lección 10

¿Cuál es el río más grande del mundo?

Pensar es más interesante que saber, pero menos interesante que mirar.

[Johann Wolfgang von Goethe; 1749-1832]

Lección 10

¿Cuál es el río más grande del mundo?

DIÁLOGO En la clase de geografía

Felipe ¿Sabes cuál es el río más grande de América Latina?

Isabel Es el Amazonas. Es el río más largo y caudaloso del mundo. El segundo río más largo del mundo es el Nilo.

Felipe Entonces, ¿cuál es el segundo río más grande de América Latina?

Isabel Es el Río de la Plata. También es un río grandísimo.

Felipe ¿Sabes cuál es el pico más alto de América Latina?

Isabel Claro que sí. Es el Cerro Aconcagua. Está situado en Argentina. Tiene 6.960 metros sobre el nivel del mar. ¿Tienes más preguntas?

Felipe Eh, bueno. El lago Titicaca, ¿es el lago más alto de América Latina?

Isabel Creo que no. El Titicaca está situado a 3.812 metros sobre el nivel del mar. Pero, por ejemplo, el lago Acamarachi en Chile está situado a unos 5.950 metros. Está situado a unos 2.100 metros más alto que el lago Titicaca. Sin embargo, se dice que el Titicaca es el lago navegable más alto tanto de América Latina como del mundo.

Felipe ¡De verdad eres una sabia!

LECTURA La naturaleza de América Latina

América Latina comprende varias de las regiones naturales más grandes del mundo.

La Amazonia es la selva tropical más grande del mundo. Se ubica alrededor del río de igual nombre y engloba varios países como Brasil, Colombia, Perú, Ecuador, Venezuela, etc.

Las Cataratas del Iguazú son las más grandes del mundo tanto en la dimensión como en su caudal. Se extienden por casi 3 km con innumerables cataratas. Su altura promedio alcanza 80 metros. Sin duda son la escultura de Dios más sublime del mundo.

El Salto Ángel es el salto de agua más alto del mundo, con una altura de 979 metros (807 metros de caída ininterrumpida). Se localiza en el Parque Nacional Canaima, Venezuela.

El Titicaca es el lago navegable más alto del mundo, con una dimensión de 8.562 km^2 y una altitud de 3.812 metros sobre el nivel del mar. Se ubica entre Perú y Bolivia. Es el segundo de América Latina en superficie. ¿Sabes qué lago es el más grande de América Latina? Es el Lago Maracaibo, de Venezuela.

La capital situada en la mayor altitud del mundo es La Paz, de Bolivia. Se encuentra a 3.650 metros sobre el nivel del mar. Es la capital ubicada más cerca de las estrellas.

El salar de Uyuni es el mayor desierto de sal del mundo, con una superficie de 12.000 km^2. Está situado en el suroeste de Bolivia.

PASATIEMPO Gato *vs.* perro

Entre los amantes de los perros y los gatos existe el debate sobre si el perro es más inteligente que el gato o viceversa.

Quienes adoran a los gatos consideran que este es un animal superior al perro. Dicen que son más higiénicos y más independientes que los perros.

Quienes aman a los perros sostienen que sus actitudes y capacidad de aprendizaje demuestran su inteligencia. Dicen que son más sociables y más fáciles de ser entrenados que los gatos.

Cada especie tiene sus características peculiares y únicas, y la comparación entre las dos especies es casi imposible e inútil. La preferencia por los gatos o perros siempre depende de uno. Y Ud., ¿quiénes cree que son más inteligentes?

라틴아메리카의 호수와 폭포

티티카카 호수(면적 약 8,562㎢)가 얼마나 넓은 지는 우리나라의 행정구역 면적과 비교해 보면 쉽게 짐작할 수 있다 [서울시(약 605㎢)와 전라북도(약 8,055㎢)를 합한 넓이와 비슷함: 한국민족문화대백과]. 페루와 볼리비아의 국경을 이루고 있으며, 먼 옛날부터 많은 부족들이 이 호수 주변에서 삶의 터전을 일구어 왔다. 잉카문명이 숨 쉬고 있는 문화의 보고이다. 노을 진 티티카카의 모습은 인간의 태초의 고향이 바로 이곳이 아니었을까 하는 생각을 갖게 해준다. 태고에는 바다였는데 안데스 산맥이 융기하여 호수로 변한 곳이다. 후에 주변의 봉우리들로부터 눈 녹은 민물이 유입되어 담수호가 되었다.

티티카카 호수가 세계에서 가장 높은 곳에 위치해 있는 호수는 아니다. 세계에서 가장 높은 곳에 위치한 호수가 무엇인지에 대해서는 이견이 많다. 우선 '호수란 무엇인가'에 대한 보편적인 정의부터 내려진 것이 없기 때문이다. 따라서 어느 정도 크기 또는 깊이의 물웅덩이부터 호수로 볼 것인가에 따라 분류가 달라질 수밖에 없다. 칠레에 있는 아카마라치 호수는 화산 분화구(6,046m)에 생성된 호수로 티티카카 호보다 훨씬 높은 곳에 위치해 있으나 인간의 발길이 잘 닿지 않는 곳에 있고 크기도 작다.

라틴아메리카에서 가장 큰 호수는 베네수엘라에 있는 마라카이보 호이다(최대 약 13,820㎢). 이 호수는 폭이 약 55킬로미터에 달하는 해협을 통해 바다와 연결되어 있다. 따라서 호수가 아닌 만(灣)으로 보기도 하지만, 해협이 얕은 늪지대로 형성되어 있어서 일반적으로 호수라고 부른다. 석유 매장량이 풍부한 곳이다.

라틴아메리카 자연의 웅장함을 단적으로 보여주는 것이 폭포이다. 이미 잘 알려져 있는 세계 최대 규모의 이과수와 최대 낙차를 자랑하는 앙헬(현지어: Parekupa-meru, 979미터) 이외에도, 페루에 있는 라스 트레스 에르마나스(914미터), 윰비야(896미터), 곡타(771미터), 베네수엘라에 있는 유스타헤(715미터), 쿠케난(674미터), 로라이마(610미터) 등도 세계적인 낙차로 유명하다. 이 폭포들은 낙차뿐만 아니라 수량도 엄청나 보는 이를 압도한다. 이 밖에도 라틴아메리카에는 낙차 400~500미터 급의 '아담한' 폭포들이 즐비하다 [비교: 설악산 대승폭포 약 88미터, 금강산 구룡폭포 약 74미터, 백두산 장백폭포 약 68미터, 제주도 천제연폭포 약 22미터]. 라틴아메리카의 스케일은 우리의 상상을 초월한다.

LECTURAS EN ESPAÑOL

GRAMÁTICA

지시대명사 (▶ 스페인어문법 기초다지기 11.1)
소유격 후치형 (▶ 스페인어문법 기초다지기 11.2)

Lección 11

¿Qué es esto?

El chamariz en el chopo

El chamariz en el chopo.
-¿Y quć más?
El chopo en el cielo azul.
- ¿Y qué más?
El cielo azul en el agua.
- ¿Y qué más?
El agua en la hojita nueva.
- ¿Y qué más?
La hojita nueva en la rosa.
- ¿Y qué más?
La rosa en mi corazón.
- ¿Y qué más?
¡Mi corazón en el tuyo!

[Juan Ramón Jiménez; 1881-1958]

Lección 11

¿Qué es esto?

DIÁLOGO En un comedor

Carla ¿Sabes qué es esto?

José No lo sé. Aún no lo he probado.

Carla Es gazpacho. Se hace con tomate, pimiento, pepino, aceite de oliva, vinagre, etc.

José Ah, ¡es esto! He oído varias veces de esta comida, pero aún no lo he probado.

Carla ¿Qué tal? ¿Te gusta?

José Sí, está muy buena.[1)]

Carla Es típico de Andalucía. Se toma mucho en verano.

José ¿Cómo se llama aquel plato?

Carla Es sepia a la plancha.

José ¿Se hace con calamar?

Carla No, con sepia. Son muy parecidos, pero la sepia es mucho más grande que el calamar. ¿Qué tal?

1) '(음식이) 매우 맛있다'고 할 때 bueno(a), rico(a)에는 수식어 muy가 함께 쓰일 수 있지만, delicioso(a)와 sabroso(a)는 단어 자체가 'muy rico(a)'의 의미이므로 muy가 함께 쓰이지 않는다.

José ¡Fantástica! Está para chuparse los dedos. Está muy rica. Y eso es melón con jamón, ¿verdad?

Carla Sí, también es delicioso. ¿Has comido cochinillo? Es un plato muy típico de Segovia.

José No, todavía no lo he probado. Bueno, ¿por qué no vamos a Segovia la semana próxima?

LECTURA Un episodio de Lazarillo de Tormes

Lázaro es un chico muy pobre. Su madre lo entrega a un ciego para aliviar su pobreza. Lázaro parte junto al ciego. Los dos andan de un pueblo a otro en Castilla pidiendo limosna. El ciego es muy astuto y avaro. Trata muy mal a Lázaro y apenas le da comida. Le enseña cuán dura es la vida.

Un día un vendedor de fruta le da al ciego un racimo de uvas. El ciego decide compartirlas con su guía.

- Hijo mío, quiero compartir estas uvas contigo. Tú vas a comer una y yo otra hasta terminarlas. Pero solamente vamos a comer una de cada vez.

Con esta condición empiezan a comerlas. Sin embargo, el ciego come dos de cada vez en lugar de una. Al verlo, el chico toma dos también. El ciego sigue comiendo las uvas dos a dos y luego tres a tres. Entonces el chico piensa:

- Yo también voy a comer las uvas tres a tres, pues el ciego no puede verme.

Pero el ciego se da cuenta de la situación muy pronto y le dice a su joven guía:

- Me estás engañando, Lázaro. Tú estás comiendo tres uvas de una vez, ¿verdad?

- No, señor. ¿Por qué sospecha Ud. eso? - contesta el chico.
- Porque yo tomo dos uvas y luego tres de una vez y tú no me dices nada. Eso quiere decir que tú estás haciendo lo mismo.

(De *Lazarillo de Tormes*, autor anónimo)[2]

2) 원 제목은 *La vida de Lazarillo de Tormes y de sus fortunas y adversidades* '라사리요 데 토르메스의 삶과 그의 행운과 역경에 대하여'이다. 16세기 중반에 쓰인 작가 미상의 작품으로 '악자소설' 장르의 대표작이다. 16세기는 스페인이 가장 번영을 누리던 시기였다. 그럼에도 불구하고 사회의 이면에는 주인공처럼 가난하고 비참한 삶을 이어가는 이들도 있었다. 가진 자들의 도덕적 타락과 위선, 사회적 모순을 사실주의적으로 그린 작품이다. 여기서 소개한 부분은 '첫 번째 이야기'에 나오는 에피소드를 요약한 것이다.

PASATIEMPO Un piso 13

Un ladrón le grita al otro, en medio de un asalto:

- ¡Allí viene el poli![3)]

- ¿Y ahora qué hacemos?

- ¡Vamos a saltar por la ventana!

- ¡Pero si estamos en el piso 13!

- ¡Este no es momento para supersticiones!

3) poli는 policía '경찰'의 줄임말이다. boli (<bolígrafo '볼펜'), foto (<fotografía), moto (<motocicleta '오토바이') 등과는 달리 아직 RAE 사전에는 등재되어 있지 않은 구어체이다.

아메리카의 공동 발견자 핀손 형제

포르투갈 국왕으로부터 인도로 가는 항해 지원을 거절당한 콜론은 카스티야로 건너가 이사벨 여왕을 설득하는데 성공했다. 그러나 그가 해결해야 할 첫 번째 과제는 유능한 선장과 선원들을 구하는 것이었다.

1492년 5월 콜론은 대양 항해가 가능한 선박 두 척을 마련하는 데 협조하라는 국왕의 칙령을 들고 팔로스 델라 프론테라에 내려갔다. 그러나 아무도 선뜻 나서는 이가 없었다. 당시 스페인에서 콜론의 명성은 미미했고 서쪽으로 항해해 인도로 간다는 그의 계획도 매우 무모해 보였기 때문에 귀족들은 물론 경험 많은 선원들도 선뜻 나서기를 꺼렸다. 그들에게는 콜론이 어떤 인물인지 잘 알려져 있지도 않았거니와 항해로 인해 얻을 수 있는 이익도 불분명했기 때문이었다. 능력도 검증되지 않은 선장에게 자신의 목숨을 선뜻 맡길 선원은 아무도 없었다. 콜론이 카스티야 출신이 아니라는 것도 이들의 싸늘한 반응에 한몫했다. 모두 포르투갈에서 건너온 콜론의 정체와 의도에 대해 의심의 눈초리를 보내는 상황이었다. 이들의 도움 없이는 제 아무리 국왕의 칙령을 지니고 내려왔다 할지라도 기간이 얼마나 걸릴지도 모르고 아무도 가보지 않은 미지의 바다를 항해하는 것은 불가능한 일이었다.

이때 콜론이 찾아간 곳이 핀손 가문이었다. 15세기 말 아프리카와 대서양 항해의 가장 중요한 전진 기지는 안달루시아의 팔로스항이었으며, 이 지역에서 가장 존경받는 선장은 핀손 가문의 형제들이었다. 마르틴 알론소와 프란시스코 마르틴, 비센테 야녜스가 그들이다. 이들은 이미 뛰어난 항해술과 경력으로 안달루시아 지역에서 높은 명성을 누리고 있었다. 특히 첫째인 마르틴의 명성은 국제적으로도 널리 알려져 있었다.

핀손 가문의 영향력과 그 형제들의 명성을 익히 들어 알고 있던 콜론은 이들을 찾아가 끈질긴 노력 끝에 설득하는데 성공했다. 여기에는 아마도 콜론의 항해를 도우라는 국왕의 칙령이 크게 작용했을 것이다. 지역의 명망 있는 귀족으로서 국왕의 명을 마냥 모른 척하고 있을 수만은 없었기 때문이었다. 직접 참가하는 것은 물론이고 필요한 경비의 일부도 투자하기로 했다. 이들이 나서자 그동안 머뭇거리던 지역의 유력 인사들이 비로소 따라 나섰다. 노련한 항해사와 갑판장들을 얻은 것이다. 그가 직접 나섰다는 소문이 돌자 주변의 노련한 선원들도 대거 몰려들었다. 마르틴은 데리고 갈 선원들과 범선을 직접 골랐다. 기함인 산타 마리아호 이외에 갓 건조해 튼튼한 라 핀타와 라 니냐호를 추가했다.

첫째인 마르틴은 라 핀타호의 선장이, 막내인 비센테는 라 니냐호의 선장이 되었다. 둘째인 프란시스코는 라 핀타호의 사무장이 되었다. 세 척의 선박은 90여 명의 선원을 싣고 1492년 8월 3일 드디어 팔로스항을 출항했다. 선원들이 일정도 목적지도 모르고 막연하게 떠나는 항해에서 기꺼이 목숨을 걸고 따라 나선 것은 무엇보다도 마르틴이 있었기 때문이었다. 전문가들의 공통된 의견은 핀손 형제의 도움 없이는 콜론의 항해가 불가능했을 것이라는 것이다. 우선 이들의 참가 의사가 없었다면 유능한 항해사와 선원들을 구하기가 어려웠을 것이다. 또한 항해 도중 함대가 겪은 여러 차례의 위험한 상황에서 가장 탁월한 지도력을 보여준 선장 역시 마르틴이었다. 이런 이유로 마르틴 알론소를 함대의 실질적인 사령관이라고 부르는 것이며 그 형제들을 '아메리카의 공동 발견자'라고 하는 것이다.

Nota

LECTURAS EN ESPAÑOL

GRAMÁTICA

직설법 단순과거: 규칙동사 (▶ 스페인어문법 기초다지기 12.1.1 / 12.1.2)

직설법 단순과거: 불규칙동사 (▶ 스페인어문법 기초다지기 12.1.3)

직설법 단순과거와 현재완료 비교 (▶ 스페인어문법 기초다지기 12.2)

Lección 12

¿Qué hiciste ayer?

Me lo contaron y lo olvidé; lo vi y lo entendí; lo hice y lo aprendí.

[Confucio; 551 a.C-478 a.C]

Lección 12

¿Qué hiciste ayer?

DIÁLOGO Entre amigos

Alberto ¿Qué hiciste el verano pasado? Estás muy morena.

Clara Sí, estoy bien morenita. Viajé en bicicleta por el sur con unos amigos.

Alberto ¿Cuánto duró el viaje?

Clara Duró tres semanas.

Alberto ¿De verdad? Vaya, ¡tres semanas en bicicleta! Entonces, perdiste mucho peso, ¿no?

Clara Sí, perdí cinco kilos este verano. También visité muchas ciudades bonitas y conocí muchos lugares hermosos. Nos divertimos en la playa. Y ¿qué tal tus vacaciones?

Alberto Yo trabajé todo el verano en un restaurante. No viajé ni me divertí con mis amigos. Pero gané bastante dinero.

Clara ¿Para qué trabajaste tanto? ¿Qué vas a hacer con ese dinero?

Alberto Voy a matricularme en el curso de invierno en Salamanca durante las próximas vacaciones.

LECTURA Pablo Picasso

Pablo Picasso nació en Málaga el 25 de octubre de 1881. Con 10 años se trasladó con su familia primero a La Coruña y luego a Barcelona. Fue un alumno brillante en pintura y sorprendió a muchas personas por su extraordinario talento. En 1897 ingresó a la Real Academia de San Fernando en Madrid. En 1900 viajó a París. Allí expuso y vendió sus primeros cuadros. En 1907 pintó *Las señoritas de Aviñón*. Se considera que con esta obra él creó un nuevo estilo en la historia de la pintura: el cubismo. En 1918 se casó con Olga Koklova. Con ella tuvo su primer hijo, Pablo. En 1936 se inició la Guerra Civil Española y Picasso pintó uno de sus cuadros más famosos, *El Guernica*. Con este cuadro denunció los horrores y la tragedia de la guerra. Este cuadro se expuso en los principales museos de todo el mundo, como Nueva York, Múnich, Roma, Barcelona y París, y le dio fama y prestigio mundiales. Hoy en día puede verse en el Museo Reina Sofía, en Madrid. En 1951 pintó *Masacre en Corea* con motivo de la Guerra de Corea, inspirado en *Los fusilamientos del tres de mayo* de Goya (1814). Se unió al Partido Comunista Francés en 1944, pero tuvo un gran conflicto con los líderes comunistas porque él pintó cómicamente a Iósif Stalin, el líder soviético, en 1953. Mostró un genio indescriptible tanto en pintura como en escultura, grabado, cerámica, etc. Pablo Picasso es uno de los más grandes artistas de la época contemporánea. Murió el 8 de abril de 1973 en Mougins, Francia.

PASATIEMPO Animales de lucha

Un hombre rico pasea por el parque con sus dos perros dóberman que le han costado una millonada y que están bien entrenados para pelear con otros perros. De pronto ve a un vagabundo despeinado con un perro pulgoso y maloliente. Para reírse de él le reta:

- Un solo perro mío contra el tuyo.

El vagabundo le responde:

- No, mejor tus dos perros contra el mío.

El hombre rico acepta y comienza un gran combate. Cuando termina todo, los dos dóberman quedan muertos y el rico empieza a llorar junto a los cadáveres diciendo:

- Mis perros me costaron 500.000 euros cada uno.

El vagabundo responde:

- ¿Crees que a mi cocodrilo se le ha hecho la cirugía plástica gratis?

산티아고 순례길

9세기 초 갈리시아에서 예수의 제자인 야곱의 무덤이 발견되었다. 일설에 따르면, 813년 은둔 수도자인 펠라요라는 사람이 갈리시아의 리브레돈 숲속에서 유난히 밝은 별빛이 며칠 동안 계속 한 곳을 비추고 있는 장면을 목격했다고 한다. 그는 파드론의 주교에게 이 사실을 보고했고, 조사 결과 그 곳은 로마 시대의 공동묘지로 사도 야곱의 무덤이 있는 것으로 밝혀졌다. 사도가 그 곳에 묻힌 이유는 그가 이베리아 반도에서 포교활동을 한 후 예루살렘에 돌아가 순교하자 제자들이 그의 유해를 다시 이베리아반도로 옮겨왔기 때문이라고 한다. 당시 이슬람교도와 힘겨운 국토회복전쟁을 벌이고 있던 아스투리아스 왕국의 알폰소 2세는 무덤 발견 사실을 대대적으로 홍보하고 그 위에 교회를 세웠다. 이때부터 마을의 이름도 **Santiago de Compostela** '별빛이 비춘 들판의 성 야곱'가 되었다. 이 소문은 삽시간에 이베리아반도를 넘어 유럽 전역에 퍼져나갔다. 이 때부터 산티아고는 예루살렘, 로마와 어깨를 나란히 하는 성지가 되어 순례객들이 몰려들기 시작했다. 이에 수백 킬로미터에 달하는 여정 곳곳에 여관과 병원이 들어서 순례객들에게 편의를 제공했다.

여러 루트가 있으나 가장 대표적으로 알려진 것은 프랑스 국경 마을인 생장피드포르에서 시작해 론세스바예스, 팜플로나, 로그로뇨, 부르고스, 레온 등을 거치는 길이다. 일명 **Camino francés**라고 불린다. 약 800km 정도 된다. 하루에 20~25km정도씩 꾸준히 걸으면 약 35~40일 정도 소요된다. 걸음이 빠른 사람들은 좀 덜 걸리지만 여유를 갖고 천천히 걷는 것이 좋다. 출발지에서 순례자 여권인 **La Credencial de Peregrino**를 발급받아 도중에 묵는 숙소마다 도장을 받는다. 마을 마다 숙소가 있으니 먹고 자는 것은 걱정할 필요 없다. 길이 갈라

지는 길목마다 또 중간 중간에 화살표나 조개 모양으로 **Camino**라는 표시를 해 놓았으니 길을 잃을 염려도 없다. 대성당에 도착하면 완주 증명서인 **La Compostela**를 발급해 준다.

걷는 이유에 대한 경험자들의 공통된 의견은 "몸은 지치고 힘들지만 다 걷고 나면 정신이 맑아지고 평온한 마음을 되찾을 수 있다"고 한다. 또한 "완주함으로써 극도의 고난을 극복했다는 성취감이 크고 자신을 깊이 되돌아보는 더 없이 좋은 계기였다"고도 입을 모은다. 결국 '극기의 길'이자 '사색의 길', '자아 찾기의 길'인 것이다. 1993년 유네스코 세계유산으로 등록되었으며, '카미노(**Camino**)'라는 이름으로 널리 알려져 있다.

Nota

LECTURAS EN ESPAÑOL

GRAMÁTICA

직설법 불완료과거 (▶ 스페인어문법 기초다지기 13.1)
직설법 과거완료 (▶ 스페인어문법 기초다지기 13.2)
사칙연산과 분수 (▶ 스페인어문법 기초다지기 13.3)

Lección 13

¿Qué estabas haciendo?

La esperanza no es ni realidad ni quimera. Es como los caminos de la Tierra: sobre la Tierra no había caminos; han sido hechos por el gran número de transeúntes.

[Lu Xun; 1881-1936]

Lección 13

¿Qué estabas haciendo?

DIÁLOGO En casa

Hija Hola, papi. Siento llegar tarde.

Papá ¿Sabes qué hora es? Son las 12:30 de la noche. Es muy tarde. ¿Dónde estabas?

Hija Estaba estudiando en la biblioteca. Tengo un montón de exámenes esta semana.

Papá Te llamé por teléfono varias veces, pero no me contestaste. Tu mamá y yo estábamos muy preocupados por ti.

Hija Lo siento, papi. Dejé apagado mi móvil.

Papá Está bien. Pero la próxima vez, si vas a llegar tarde a casa, tienes que avisarme antes, ¿entendido? Andar sola de noche es muy peligroso.

Hija Sí, papi. Lo siento mucho.

LECTURA Breve historia de la España contemporánea

En 1936 estalló la Guerra Civil Española y terminó en 1939. El General Franco, después de gobernar España por unos 36 años, murió en 1975 y ese mismo año Don Juan Carlos I fue nombrado rey de España. Comenzó el periodo de la Transición, que tenía como objetivo transformar el sistema dictatorial en democracia. En 1977 se celebraron las primeras elecciones generales desde la Guerra Civil y un año después se aprobó la Constitución. En 1981 hubo un intento de golpe de Estado. Unos soldados armados de la Guardia Civil ocuparon la Asamblea, pero el rey no estuvo de acuerdo con ellos. En 1982 otras elecciones dieron la victoria al PSOE (Partido Socialista Obrero Español) y con ello se consideró que se había alcanzado la democracia. En 1989 Camilo José Cela recibió el Premio Nobel de Literatura. En 1992 tuvieron lugar los Juegos Olímpicos en Barcelona, y Madrid fue la Capital Europea de la Cultura. En 2002 se incorporó al nuevo sistema monetario del euro. La selección española de fútbol llegó a ser campeona en la Copa de Europa 2008 y 2012 consecutivamente y ganó la Copa Mundial en 2010. Fue la época dorada del fútbol español. En la actualidad, España es uno de los países más importantes de la Unión Europea. En 19 de junio de 2014, tras la abdicación del rey Juan Carlos I, su hijo Felipe fue proclamado como nuevo rey de España: Felipe VI.

PASATIEMPO Dos niños listos

Jaime y Laura entran al aula. La maestra le pregunta a Jaime:

- Jaime, ¿por qué has llegado tan tarde?

- Es que estaba soñando que viajaba por todas partes, conocí tantos países y me desperté un poco tarde.

- Y tú, Laura, ¿qué te pasó?

- ¡Yo fui al aeropuerto a recibir a Jaime!

23-F, 1981

1981년 2월 23일, 마드리드 국회의사당에서 칼보 소텔로 신임 수상의 취임식이 열리는 날이었다. 이를 중계하기 위해 국회의사당 내에 TV카메라와 마이크가 설치되었고 취임식이 막 시작되려는 순간, 안토니오 테헤로 중령이 이끄는 200여 명의 보안군 소속 군인들이 갑자기 들이닥쳐 의사당은 순식간에 아수라장으로 변했다. 총기로 무장한 군인들은 항의하는 의원들을 제압하기 위해 천장에 기관단총을 난사했다. 이 장면은 TV 카메라에 고스란히 녹화되어 지금도 인터넷 상에서 당시의 쿠데타 장면을 다시 볼 수 있다. 이 날짜, **23 de febrero**에서 따와 이 쿠데타를 흔히 '**23-F**'라고 부른다.

쿠데타 주동자들은 프랑코 사후 진행된 민주화 과정에서 만연한 사회주의로부터 조국 스페인을 구하기 위해 봉기했다고 밝혔다. 또한 이들은 국왕에 대한 충성도 선언했다. 친위 쿠데타라는 의미였다. 실제로 이에 호응해 발렌시아 지역의 하이메 밀란스 델 보쉬 장군은 군대를 출동시켰으며 알폰소 아르마다를 비롯한 국왕의 측근 장군들 또한 다수가 이를 지지했다. 따라서 '독재 회귀냐 민주화냐'의 갈림길에 선 스페인 사회의 운명은 국왕의 말 한 마디에 달려 있었다. 전 스페인 국민이 숨을 죽이며 긴박하고도 긴 하루 밤을 보냈다. 다음 날 새벽 후안 카를로스 국왕은 군 최고사령관 복장으로 TV 앞에 나타나 국민의 뜻에 반하는 어떠한 반민주적 처사도 용납하지 않겠노라고 선언하였으며 지역 사령관들에게는 자신의 지시 없이는 절대로 병력을 이동시키지 말라고 명령했다. 1969년 극우 독재자 프랑코에 의해 후계자로 지명된 몸이었지만 후안 카를로스 국왕은 민주화에 대한 국민의 열망을 받아들인 것이었다. 국왕의 이 담화를 계기로 쿠데타가 성공하지 못하리라는 것을 직감한 테헤로 중령은 의사당 내에 억류하고 있던 의원들을 석방하고 투항했다. 이 사건 이후 스페인 사회는 과거의 독재 잔재를 털어내고 본격적인 민주화의 길로 들어섰다.

LECTURAS EN ESPAÑOL

GRAMÁTICA

관계대명사 (▶ 스페인어문법 기초다지기 14.1)
관계형용사 (▶ 스페인어문법 기초다지기 14.2)
관계부사 (▶ 스페인어문법 기초다지기 14.3)

Lección 14

¿Quién es el primero que ha llegado?

La amistad es un alma que habita en dos cuerpos; un corazón que habita en dos almas.

[Aristóteles; 384 a.C-322 a.C]

Lección 14

¿Quién es el primero que ha llegado?

DIÁLOGO **La teoría de la conspiración**

Claudia	¿Sabes quién es el primer hombre que ha pisado la Luna?
Alfonso	Es Neil Armstrong, ¿no?
Claudia	Muchos dicen que sí, pero otros dicen que no.
Alfonso	¿Por qué ellos dicen que no es él el que ha llegado a la Luna por primera vez?
Claudia	Hay personas que creen que los hombres aún no han llegado a la Luna. Ellos creen que la NASA nos ha engañado.
Alfonso	Entonces, ¿dicen que es falsa la noticia que vieron muchísimas personas por la televisión? Vaya... ¿Qué crees tú?
Claudia	Mitad y mitad. Ellos dicen que hay unas pruebas de que la NASA está ocultando la verdad.
Alfonso	¿Son fiables esas pruebas?

Claudia No sé. No puedo comprobarlas.

Alfonso Puede ser interesante, pero no me gustan esas teorías de la conspiración, pues dudan de todo, sin ningún fundamento.

LECTURA ¿Por qué no te callas?[1]

El 10 de noviembre de 2007 tuvo lugar la XVII Cumbre Iberoamericana en Santiago de Chile.[2] En la última jornada, mientras que el presidente de España, José Luis Rodríguez Zapatero, estaba dando su discurso, el presidente venezolano, Hugo Chávez, lo interrumpió descalificando duramente a José María Aznar, el ex-presidente del gobierno español, al cual ya lo había criticado la víspera durante su turno.[3] El presidente Zapatero, en defensa de Aznar, le exigió a Chávez mantener respeto y cortesía. Sin embargo, Chávez siguió voceando en contra del ex-presidente español. Fue entonces cuando entró en escena el rey de España, Don Juan Carlos. Echándose hacia adelante en su silla le dijo a Chávez en voz baja pero muy carismática: "¿Por qué no te callas?". De repente todos los que lo escucharon tanto en ese lugar como

1) 2007년 칠레의 산티아고에서 열린 제 17차 이베로아메리카 정상회담에서 후안 카를로스 당시 스페인 국왕이 베네수엘라의 우고 차베스 대통령에게 한 말이다.
2) Cumbre Iberoamericana '이베로아메리카 정상회담'은 스페인어나 포르투갈어를 공용어로 쓰고 있는 나라들의 정상 회담이다. 1991년에 결성되었으며 매년 개최된다. 스페인에서는 정부 대표(대통령)와 왕실 대표(국왕)가 참석한다. 2015년 현재 회원국은 25개국이다: 안도라, 아르헨티나, 볼리비아, 브라질, 콜롬비아, 코스타리카, 쿠바, 칠레, 에콰도르, 엘살바도르, 스페인, 과테말라, 온두라스, 멕시코, 니카라과, 파나마, 파라과이, 페루, 포르투갈, 도미니카공화국, 우루과이, 베네수엘라는 정회원국이고, 적도기니, 필리핀, 푸에르토리코는 준 회원국이다.
3) 호세 루이스 로드리게스 사파테로는 당시의 스페인 대통령(2004-2011)이고 우고 차베스는 베네수엘라의 대통령(1999-2013)이다. 호세 마리아 아스나르는 사파테로의 전임 대통령이다. 좌파인 차베스가 우파인 아스나르를 전 날에 이어 계속 '파시스트'라고 비난한 것이다.

en la televisión quedaron sorprendidos: '¿cómo puede usar tal expresión en la Cumbre?' Chávez se calló y esta frase carismática del monarca español se expandió enseguida por Internet. Llegó a ser una de las expresiones más famosas de la historia. Aún hoy en día siguen siendo producidas parodias humorísticas y todo el mundo sigue hablando de eso.

Unos días después del suceso, Hugo Chávez amenazó con tomar acciones en contra de las empresas o bancos españoles instalados en su país, pero no pasó nada. En julio de 2008 el rey Don Juan Carlos invitó a Chávez a Mallorca y le regaló una camiseta con el célebre «¿Por qué no te callas?» impreso en el pecho. Poco después, el presidente venezolano la mostró con humor en un programa de televisión 'Aló, Presidente'. Así se solventó la polémica.[4)]

4) 후일담: 2012년 차베스 대통령은 4선 연임에 성공한 후 기자들과 만난 자리에서 공개적으로 무안을 당했던 이 사건에 대해 다음과 같이 말하며 껄껄 웃었다고 한다.
"El rey Juan Carlos tuvo suerte de que no lo oí en ese momento, porque si lo hubiera escuchado, le hubiera mandado las cargas de la caballería en su contra". "후안 카를로스 국왕은 운이 좋았어. 내가 그 때 그 말을 못 들었으니 망정이지 들었으면 기병대를 파견했을 텐데 말이야". (☞ '과거사실의 반대'를 나타내는 가정문에 대한 자세한 사항은 22과 참조)

PASATIEMPO El pájaro y el motorista

Un pájaro que iba volando a toda velocidad por la carretera en sentido contrario chocó de repente contra un motorista. ¡Paf!

El motorista paró y dijo:

- ¡No puede ser! ¡Maté a un pajarito!

Él fue a buscarlo y lo encontró todavía vivo. Lo tomó, se lo llevó a casa, lo metió en una jaula y le dio agua.

El pajarito que se despertó poco después, se vio dentro de la jaula y pensó:

- ¡No puede ser! ¡Maté a un motorista y estoy encarcelado!

정복자 에르난 코르테스와 아즈텍 제국의 황제 목테수마

1519년 2월 10일 에르난 코르테스(1460~1524)는 쿠바 총독인 벨라스케스의 명을 어기고 500여 명의 부하들과 함께 멕시코 원정을 떠났다. 내륙 깊숙한 곳에 황금이 넘쳐나는 부유한 왕국이 있다는 정보를 입수했기 때문이었다. 당시 멕시코는 아즈텍 제국의 황제인 목테수마가 통치하고 있었으며 수도는 테노츠티틀란이었다. 현재의 멕시코시티 자리에 해당한다. 인구 약 20만의 대도시였다고 한다. 목테수마는 무리한 정복과 가혹한 통치로 주변 부족들의 원성을 사고 있었으며 '흰 얼굴에 수염 기른 형상'을 한 선신(善神)인 켓살코아틀 ('깃털 달린 뱀'이라는 뜻)의 재림 신앙을 믿고 있었다. 코르테스는 이 점을 이용해 주변 부족들을 회유하고 수도로 향했다. 목테수마는 '큰 키에 수염 난 백인'인 코르테스를 켓살코아틀의 재림이라고 믿고 도시로 받아들였다. 겨우 몇 백 명의 인원으로 아무런 저항 없이 궁전을 장악한 이유이다. 스페인인들은 황제를 포로로 잡고 원하던 금을 긁어모았다.

한편, 쿠바의 총독인 벨라스케스는 자신의 허락 없이 원정을 떠난 코르테스를 체포하기 위해 군대를 파견했다. 이 소식을 들은 코르테스는 벨라스케스 군에 맞서기 위해 잠시 도시를 떠났다. 그 사이, 도시를 책임진 알바라도는 자신들의 정체를 의심하고 황제의 배신을 성토하는 아즈텍 귀족들을 학살했다. 이에 격분한 민중들이 반란을 일으켰다. 목테수마는 이를 진정시키기 위해 발코니로 나갔다가 오히려 민중들이 던진 돌에 맞아 부상을 당했고 며칠 후 사망했다. 1520년 7월 1일 코르테스는 부하들을 이끌고 퇴각했다가 이듬 해 증원한 병력과 아즈텍 제국을 증오하는 주변 부족들을 이끌고 테노츠티틀란을 총공격했다. 1521년 8월 13일 마침내 수도가 함락되었고 아즈텍 제국은 역사의 뒤안길로 사라졌다.

LECTURAS
EN
ESPAÑOL

GRAMÁTICA

비교급과 최상급: 불규칙형 / 절대최상급 (▶ 스페인어문법 기초다지기 15.1)
상호의 se (▶ 스페인어문법 기초다지기 15.2)
중성관사 lo와 중성대명사 lo (▶ 스페인어문법 기초다지기 15.3)

Lección 15

No hay la menor duda

Amar no es mirarse el uno al otro; es mirar juntos en la misma dirección.

[Antoine de Saint-Exupery; 1900-1944]

Lección 15

No hay la menor duda

DIÁLOGO El curso en México

Margarita José, ¿cómo te fue el curso de español en México?

José Estupendo. Aprendí mucho y conocí a muchos amigos mexicanos y extranjeros.

Margarita ¿Cómo eran los chicos mexicanos?

José En general eran simpáticos. Solo algunos eran más altos que yo.

Margarita Y los profesores del curso, ¿cómo eran?

José Eran inteligentes. Nos enseñaron con entusiasmo.

Margarita ¿Eran jóvenes?

José Sí, la mayoría de ellos tenían menos de 30 años. Algunos de ellos estaban cursando el doctorado y otros ya lo habían terminado.

Margarita ¡Qué estudiosos!

José Sí, muy trabajadores. Mi profe de conversación se llamaba Jorge.[1] Tenía 29 años. Dijo que estaba estudiando más que nunca para su tesis doctoral. Había otra profesora de cultura. Se llamaba Claudia. Ella era doctora. Era mucho mayor que él. Tenía más de 40. Creo que ella era la profesora más experimentada en mi curso.

Margarita Conoces muy bien la Ciudad de México, ¿no?

José Claro que sí. De calle en calle, de plaza en plaza. Me encanta.

1) 구어체에서는 profesor를 줄여 profe라고 표현하기도 한다. profesora의 약어는 profa이다. boli, foto, moto 등과 같이 RAE 사전에 등재되어 있는 어휘이다.

LECTURA La hormiga y la oruga

Iba una hormiga con agilidad corriendo bajo el sol en busca de comida cuando vio a una oruga. Ella estaba en su proceso de metamorfosis, muy cerca de convertirse en mariposa. Estaba moviendo la cola cubierta de escamas con mucho afán.

- ¡Pobrecita, lamentable animal! ¡Qué triste destino es el tuyo! - exclamó la hormiga con desdén. Si quiero correr de aquí para allá, bien puedo hacerlo a mi placer, y si lo deseo, puedo subir a un árbol alto mientras tú te mantienes encarcelada aquí en tu capullo. Solo puedes mover una o dos articulaciones de la cola escamosa.

La oruga escuchó todo lo que decía la hormiga, pero no le dio ninguna respuesta. Solo se aguantó y esperó la llegada del tiempo.

Pocos días después, cuando la hormiga pasó por allí de nuevo, encontró vacía la cáscara. Se preguntó qué había pasado. Creía que la oruga había muerto de calor y de hambre.

- ¡Dios mío, ha muerto! ¡Pobrecita!

Repentinamente sintió una sombra que le cubría y se sorprendió por las hermosas alas de una mariposa.

- Soy yo, ¡tu amiga digna de lástima! Pero amiguita, necesitas saber que las apariencias engañan. Cada uno tiene su propio valor. No debes despreciar a nadie solo por las apariencias.

Diciendo esto, la mariposa abrió sus alas brillantísimas, se elevó en el aire y en la brisa de verano, y en un abrir y cerrar de ojos se perdió de la vista de la hormiga.

<De *Fábulas de Esopo*>

PASATIEMPO Pasajeros al tren

Tres borrachos llegan a la estación.

"¡DIN DON DIN! El tren con destino a Sevilla, sale ahora mismo por la vía 4."

Se ponen a correr. El jefe de estación ayuda a uno a subir, luego ayuda a otro, y cuando llega al tercero el tren ha cogido ya velocidad, y no puede subirlo.

- ¡Lo siento, pero ya es tarde!

- Pues más lo van a sentir ellos, que habían venido a despedirme.

최초의 메스티소를 낳은 여인 말린체

스페인인들이 멕시코 원정을 본격화하기 시작한 16세기 초, 말린체라는 원주민 여인이 역사에 등장한다. 나우아 족 출신으로 본명은 말리날리 테네팔이다. 상류층 가문의 딸로 태어나 적절한 교육을 받고 자랐다. 그러나 어머니가 재혼한 후 마야족에게 노예로 팔려가는 비운을 맞았다. 어머니가 새로 낳은 아들에게 재산을 물려주기 위해 그녀를 버린 것이었다. 그녀는 유카탄 반도의 타바스코 지역으로 끌려가 노예생활을 하며 마야어를 배웠다.

1519년 3월 코르테스 일행이 유카탄 반도에 상륙했다. 당시 그녀의 나이는 10대 후반이었다. 코르테스 일행과 맞서는 것을 두려워한 마야족은 우호의 표시로 많은 선물과 함께 20명의 여자 노예를 바쳤는데 그녀도 그중 한 명이었다. 어렸을 때 받은 교육 덕분인지 타고난 총명함 때문인지 정복자들 앞에서도 주눅 들지 않고 당당했을 뿐만 아니라 나우아어와 마야어를 능숙하게 구사할 줄 아는 능력 덕분에 코르테스의 주목을 받았다. 스페인 진영에서 기독교 세례를

받고 마리나라는 새로운 이름을 받았다. 통역사로 일하면서 주변 부족들에 대한 정보를 제공하고 아즈텍 제국을 정복하는 데 협력했다. 특히 촐루라족 정복에 지대한 공헌을 했다. 촐루라는 아즈텍 제국 방어에 중요한 전략적 요충지를 차지하고 있던 부족이었다. 부족민들은 그녀를 동족으로 여겨 중요한 매복 계획을 귀띔해 주었다. 그녀는 자신이 취득한 정보를 코르테스에게 전해 이 부족을 쉽게 정복하고 더 나아가서는 아즈텍 제국을 무너뜨리는 데 큰 공을 세웠다. 코르테스와 목테수마가 처음 만났을 때 통역을 한 것도 그녀였다. 코르테스와의 사이에서 마르틴 코르테스라는 아들을 낳았다. 수많은 아메리카 메스티소의 원조이다. 후에 나우아족 남자와 결혼하여 딸을 낳았으며 1529년 20대 후반의 젊은 나이에 사망했다. 귀족 집안에서 태어났으나 어려서 어머니로부터 버림받고 노예생활을 전전했으며, 백인들에 협력해 동족을 저버린 '배신자'이자 이방인에게 몸을 판 '매춘부'로 낙인찍힌 비운의 여인이다.

Nota

LECTURAS EN ESPAÑOL

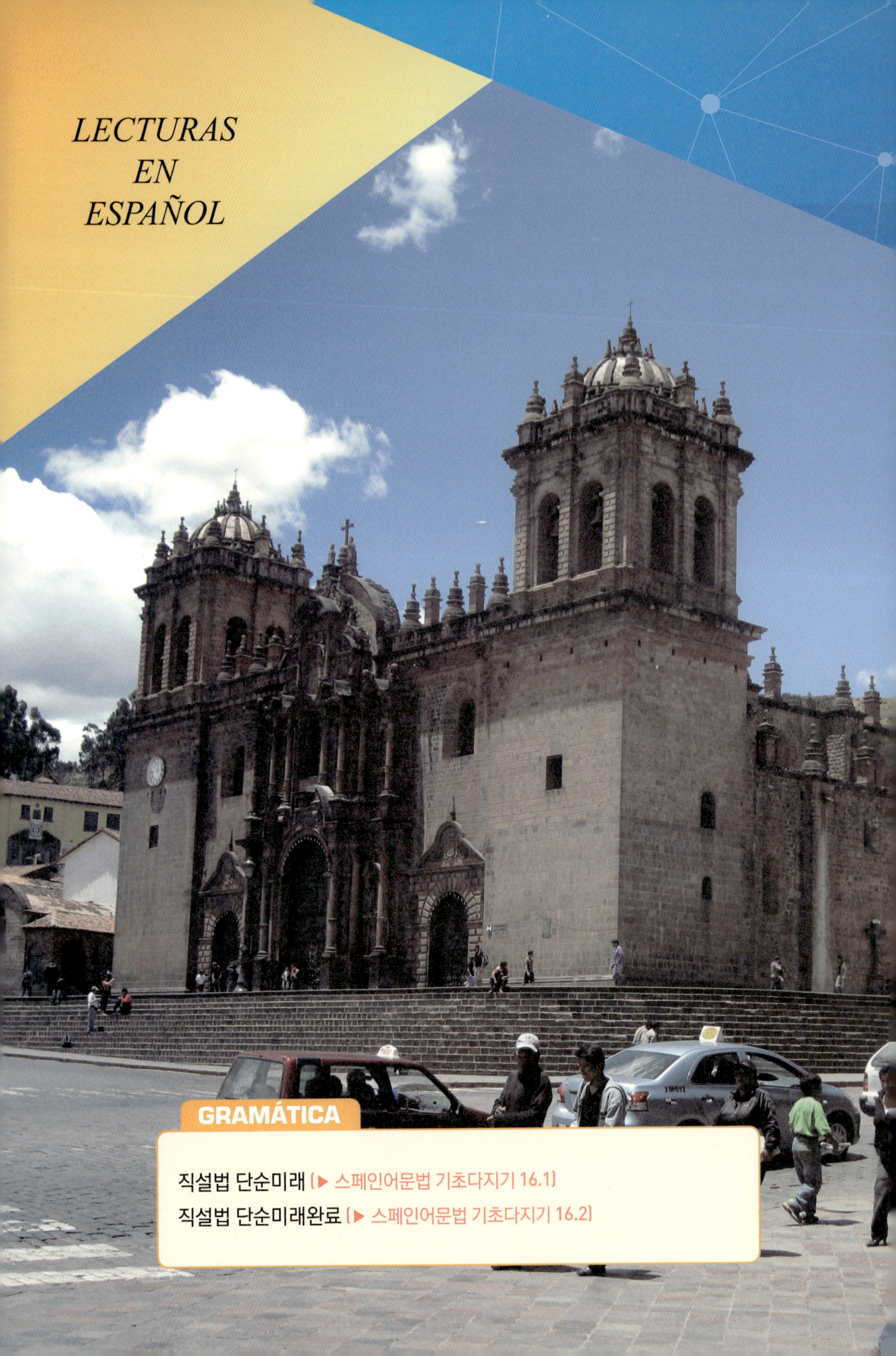

GRAMÁTICA

직설법 단순미래 (▶ 스페인어문법 기초다지기 16.1)

직설법 단순미래완료 (▶ 스페인어문법 기초다지기 16.2)

Lección 16
¿Qué haremos en el futuro?

Quien vive temeroso, nunca será libre.

[Quintus Horatius Flaccus;
65 a.C-8 a.C]

Lección 16

¿Qué haremos en el futuro?

DIÁLOGO ¿Qué haremos en el futuro?

Jorge ¿Qué vas a hacer después de terminar la universidad?

Luisa Quiero trabajar en el área del comercio internacional. Pienso trabajar en una compañía multinacional. Y tú, ¿qué quieres hacer?

Jorge Yo quiero ser funcionario. En concreto quiero trabajar en el Servicio de Inteligencia.

Luisa ¿Un agente secreto, como el Agente 007?

Jorge ¡Hombre!,[1] eso es solo una película. Pero creo que será bueno trabajar para la seguridad nacional.

Luisa Si se cumplen nuestros sueños, podremos vernos algún día en un país extranjero, ¿no?

Jorge Entonces será fantástico. Podremos tomar una copa en un bar hermoso.

1) 상대방이 다수이거나 여성일 때도 ¡hombre!라고 한다. 감탄사일 뿐 사전적 의미로 쓰이는 것이 아니기 때문이다.

Luisa Para realizar nuestros sueños será necesario, primero conseguir más información y, luego preparar bien el examen o la entrevista.

Jorge Por supuesto que sí. Desde mañana empezaré a recoger los datos y la información necesarios.

Luisa ¿Dónde estarás mañana por la mañana?

Jorge Tengo una clase. Luego estaré en la cafetería.

Luisa Bueno, nos vemos allí a las 11:30 y hablaremos más de nuestros planes. Chao.

LECTURA ¿Cómo será el mundo dentro de 30 años?

Con el avance de la tecnología los ordenadores podrán pensar como los seres humanos.[2] La vida diaria será más cómoda con las máquinas de la Inteligencia Artificial. Los seres humanos dependerán más de la red informática. Los coches se moverán automáticamente. Los seres humanos podrán viajar al pasado o al futuro en una máquina del tiempo. Unas ocupaciones desaparecerán y se crearán otras nuevas. Se quitará la barrera del idioma con máquinas de traducción automática. Ya se habrán agotado muchos recursos naturales y quedará poco petróleo. El mundo dependerá de las energías renovables. El Sol será la fuente principal de energía. Por el cambio climático unas especies se extinguirán y aparecerán otras nuevas. Si no se cuida el medio ambiente, el problema de contaminación se agravará. Si los ríos se contaminan, muchas personas sufrirán por no tener agua potable. Sin embargo, los seres humanos podrán dejar un lugar mejor a las futuras generaciones. Muchas enfermedades incurables serán dominadas. Los hombres tendrán más información acerca de los seres extraterrestres. Muchas personas pasarán las vacaciones en el espacio, pero algunas seguirán sufriendo hambre por falta de alimento. Aún habrá guerras en el mundo y los hombres se matarán unos a otros. Los hombres vivirán más de 100 años, pero no podrán evitar la muerte.

2) '컴퓨터'를 스페인에서는 주로 ordenador, 중남미에서는 computadora라고 한다.

PASATIEMPO 초대장

Invitación

Con motivo del V Aniversario
de la apertura del Centro Cultural de Cervantes en Seúl,
el Embajador de España tiene el honor de invitarle
al baile flamenco del grupo El Flanovo
que tendrá lugar el 24 de diciembre a las 19:30
en el Seoul Arts Center.

R.S.V.P. 02-3567-2981 Esta invitación es válida para dos personas.

경우에 따라서는 초대 받는 사람의 직함과 성명을 직접 기입하는 경우도 있다.

예

[...]
el Embajador de España tiene el honor de invitar
a la Dra. Eun Jung YOU
al baile flamenco del grupo El Flanovo
[...]

R.S.V.P.

"회신 바랍니다"라는 뜻의 프랑스어 Répondez s'il vous plaît. (Reply, if you please.)의 약어이다. 스페인어로는 S.R.C.라고 적는다. Se ruega contestación.의 약어이다. 공식 초청장에는 적는 것이

관례이고, 초대 받은 사람은 주최 측의 좌석 예약에 협조하는 의미에서 참석 여부를 알려주는 것이 예의이다. 경우에 따라서는 Regrets Only "참석 못하시는 분만 연락 주십시오."라고 적기도 한다.

공연 등의 경우 관객 수 예측이 필요하므로 Esta invitación es válida para dos personas. "본 초대장으로는 2명만 입장 가능합니다." 등의 문구를 넣지만, 일반적인 행사 초대장에는 기입하지 않는 경우도 있다.

편지와는 달리 초대장에는 대개 발송 일을 적지 않는다. 행사가 열리기 전에 충분한 시간을 두고 도착하도록 발송하는 것이 상례이다.

영원의 도시 마추피추

1911년 미국의 고고학자인 히람 빙험은 페루 우루밤바 계곡에 있는 약 2,400m 산꼭대기에서 당시까지 서구인의 발길이 한 번도 닿지 않은 신비한 산상 도시를 발견했다. 이름은 마추피추. 원주민어로 '옛 산'이라는 뜻이다. 쿠스코에서 북서쪽으로 약 130여 킬로미터 떨어진 오지이다. 만든 목적은 잉카인들이 외부의 침입 시 대피하거나 방어 요새로 사용하기 위한 것으로 알려져 있다. 사람의 발길이 잘 닿지 않는 워낙 외진 곳에 세워진 도시라 1532년 페루가 스페인인들에 의해 정복당한 후에도 수 백 년 간 발견되지 않았던 것이다. 이런 이유로 해서 '잃어버린 도시'라고 불리기도 하고 산 정상에 있어 '공중 도시'라고 불리기도 한다.

도시는 태양의 신전을 중심으로 한 성소, 사제와 귀족들의 공간, 일반 평민들의 공간 등으로 구성되어 있고 계단식 밭도 만들어져 있다. 대부분의 구조물은 석재로 지어져 있는데, 그 정교함과 견고함이 보는 이로 하여금 감탄을 자아내게 한다. 사각형 모양으로 잘린 돌들끼리 맞물린 부분의 정밀함은 현대 기술로도 흉내 내기 힘들 정도라고 한다. 또한 시멘트를 전혀 사용하지 않고 단지 맞물려 쌓았음에도 불구하고 빈틈이 없고 엄청난 하중을 잘 버틸 수 있도록 설계한 기술은 당시 잉카인들의 기술력과 건축술이 얼마나 뛰어났는지 잘 보여주고 있다.

이 도시는 많은 신비와 수수께끼를 간직한 영원의 도시로 기억되고 있다. 잉카인들은 왜 이 깊은 산꼭대기에 도시를 세웠을까? 무슨 도구를 이용해 이 무거운 돌들을 잘라 나르고 다듬었을까? 이 깊은 산 속에서 어떻게 살았을까? 왜 도시를 떠나야만 했으며 어디로 간 것일까? 그들은 최후의 순간 무슨 생각을 했을까? 콘도르는 이 모든 비밀을 알고 있겠지만 오늘도 말없이 안데스 위를 날고 있을 뿐이다.

가는 길은 멀고 험난하다. 산세가 험하고 일기가 유동적이라 시간은 대략적으로 추산해야 한다. 쿠스코에서 오얀타이탐보까지 버스로 두어 시간, 기차로 갈아타고 아구아스 칼리엔테스까지 두어 시간 정도 간다. 다시 버스로 갈아타고 20–30분 정도 더 들어간다. 그 다음에는 걸어서 20–30분 정도 올라가면 된다. 힘든 여정이지만 고대 잉카 문명의 신비가 눈앞에 펼쳐지는 순간 모든 피로를 잊게 될 것이다. 체 게바라가 그랬고 파블로 네루다 역시 그랬듯이, 역사의 현장을 직접 보는 것은 물론 가슴 벅찬 일이지만 문명의 흥망성쇠를 생각하면 애잔함도 함께 밀려온다. 1983년 유네스코 세계유산으로 지정되어 보호되고 있다.

Nota

LECTURAS EN ESPAÑOL

GRAMÁTICA

직설법 가정미래 (▶ 스페인어문법 기초다지기 17.1)
직설법 가정미래완료 (▶ 스페인어문법 기초다지기 17.2)

Lección 17

¿Podría ayudarme?

Cuando dejo de ser lo que soy, me convierto en lo que podría ser.

[Lao-tsé; 570 a.C-490 a.C]

Lección 17

¿Podría ayudarme?

DIÁLOGO El cumpleaños de mi abuela

Susana Hola, Manuel. ¿Qué vas a hacer este fin de semana? Yo voy a ir al museo con unos amigos. Veremos una exposición de arte moderno. ¿No quieres venir con nosotros?

Manuel Me gustaría, pero no puedo. Tengo que ir a la casa de mis abuelos. Mi mamá dijo que los visitaría toda la familia.

Susana ¿Por qué se reúnen todos?

Manuel Porque el sábado es el cumpleaños de mi abuela. Todos mis tíos se reunirán en su casa. Mi mamá preparará varias comidas y tendremos una fiesta muy grande.

Susana ¿Por qué harán una fiesta tan grande?

Manuel Porque este sábado mi abuela cumplirá 100 años.

Susana ¡Vaya,[1] un siglo de vida! Sería una de las mujeres de

1) ir '가다'의 3인칭 단수 명령형이지만, '놀라움'을 표현하는 감탄사로도 쓰인다 (☞ '명령형'에 관한 자세한 사항은 20과 참조).

mayor edad del país o por lo menos de la ciudad, ¿no?

Manuel Mmm... puede ser.

Susana ¿Por qué no le avisas al periódico local? Tendría mucho interés en ello. ¡La mujer que ha vivido un siglo!

Manuel Ajá, ¡una idea fantástica! Llamaré de inmediato. Sería un gran regalo para mi abuela. Gracias.

LECTURA ¿Cómo los romanos obtuvieron las leyes de los sabios griegos?

Los romanos que querían tener leyes se las pidieron a los sabios griegos. Estos respondieron que probarían si las entendían y merecían llevarlas. Las pruebas se darían por señas de manos, porque los romanos no entendían su idioma. Los viejos romanos vacilaron en presentarse como representantes, porque no eran tan letrados ni sabios como los griegos. Un bellaco se presentó voluntariamente y empezó a disputar con un sabio griego ante el público.

El sabio le mostró solo un dedo, el pulgar. El romano, bravo, le enseñó tres dedos, el pulgar con otros dos. El sabio se levantó y tendió la palma llana. El bellaco también se levantó con ira y le mostró puño cerrado.

El sabio, contento al parecer, dijo a todos:

- Los romanos merecen las leyes. Yo no se las niego.

Las personas preguntaron qué fue lo que habían dicho por señas.

El sabio dijo:

- Yo dije que es un Dios. El romano me contestó que era uno en tres personas. Luego yo dije que era todo a su voluntad. Él respondió que en su poder tenía el mundo. Con todo esto vi que los romanos entendían y creían en la Trinidad.

Los que más se sorprendieron eran los romanos. Ellos también le preguntaron al bellaco lo mismo. Él dijo:

- Aquel maldito viejo me dijo que con su dedo me quebrantaría el ojo. De esto tuve gran pesar y tomé gran enojo. Respondí con saña que le sacaría con dos dedos los ojos y le rompería con el pulgar los dientes. Luego aquel viejo con la palma amenazó que me daría gran palmada. Le respondí que entonces yo le daría una tal puñada.

(De *Libro de buen amor*, Juan Ruiz Arcipreste de Hita)

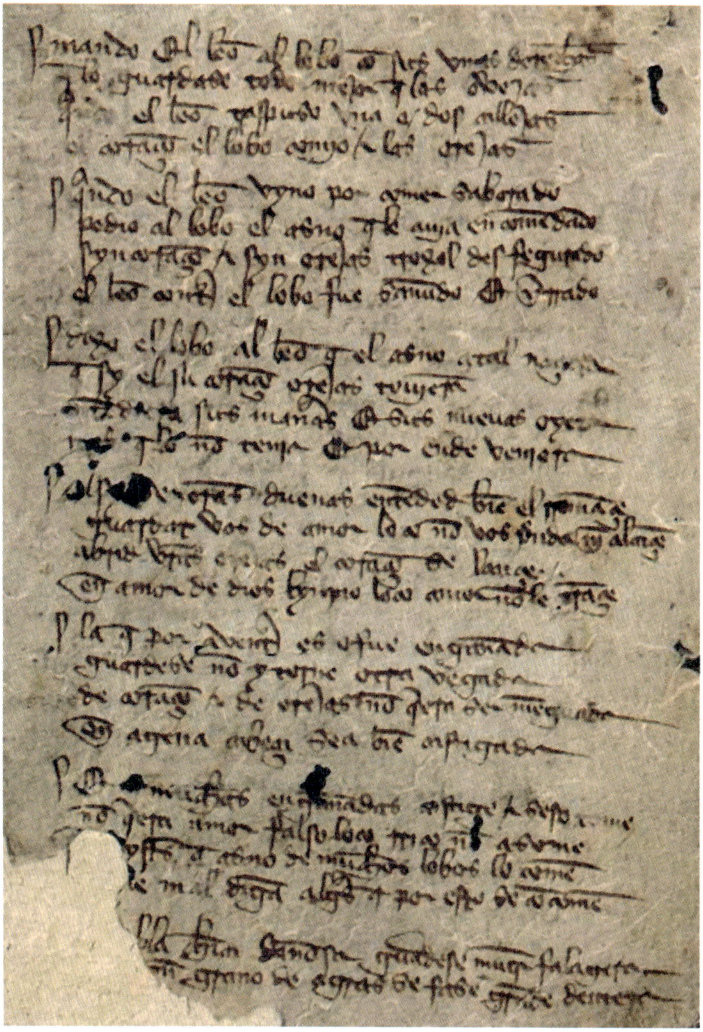

작품 설명

Libro de buen amor는 14세기(1330–1343)에 과달라하라 지방의 Hita라는 마을의 사제였던 Juan Ruiz가 쓴 작품으로 알려져 있다. 자서전 형식으로 '사랑'에 관한 여러 가지 에피소드를 엮은 글로 14세기 스페인 문학을 대표하는 작품이다. 사제임에도 불구하고 남녀 간의 육체적인 애정행각을 노골적으로 묘사하고 있어 많은 해석상의 논란을 불러일으키고 있다. 곳곳에 풍자, 우화, 비유 등을 적절하게 섞어 놓았다. 저자는 음악과 문학을 좋아했다고 한다. 성격이 자유분방해서 그런지 종교재판소에 의해 투옥되기도 했다. 이 작품도 옥중에서 썼을 것이라고 한다. 저자는 남녀 간의 불륜 행위를 노골적으로 실컷 묘사한 후에는 '그러시면 아니 되옵니다'라고 하며, 마치 교육적 목적에서 쓴 것인 양 시치미를 뗀다. 엄숙함 따위는 벗어던지고 세속적 사랑과 종교적 사랑의 경계를 교묘히 넘나들며 성적 유희를 마음껏 즐기고 있다. '까짓 거 사는 게 다 그런 거지 뭐'라는 식으로. 그래서 아마도 저자의 의도를 잘 이해한 메넨데스 피달이 제목을 Libro de buen amor라고 붙인 모양이다. 글자 그대로 풀면 '좋~은 사랑의 지침서'가 될 것이고, 내용을 풀어보면 '끝내주는 연애 이야기'가 될 것 같다.

본문에 소개한 내용은 무식한 로마인들이 고명한 그리스 현자들로부터 법을 얻는 과정을 '풍자적으로' 그린 에피소드이다. 로마인들은 법을 갖고 싶은데 스스로 만들 실력이 안 되어 그리스 현자들에게 간청해야 했다. 그러자 그리스 현자들은 로마인들이 법을 가질 자격이 있는지 시험하겠노라고 답했다. 로마에서 실력 좀 있다고 하는 자들은 지레 겁을 먹고 뒷걸음질쳤다. 이때 무식한 건달 하나가 대표로 나섰다. '까짓 거 지들은 뭐 있어?'라고 하며. 현자들의 대화 방식인 손가락질로 실력 테스트를 했는데, 뜻밖에도 통과되었다. 어떻게? ¿Cómo? How? 어이없게도 '꿈보다 해몽'이라고, 그리스 현자들의 과잉 해석이 결국 로마인들에게 법을 안겨준 것이었다. 아는 게 병이었다고나 할까. 때론 어이없고 황당하지만 기대와는 달리 뜻밖의 결과가 나오기도 하는 법, 그게 인생인 것을... Así es la vida. 그 또한 신의 뜻인 것을... Así es la voluntad de Dios. 한편으로는 시니컬하면서도 다른 한편으로는 유쾌한 저자의 성격이 엿보이는 대목이다. 그야말로 '끝내주는 연애 이야기'의 내용이 뭔지 궁금한 독자들은 책을 직접 읽어보기 바란다.

PASATIEMPO Una conversación infantil

En el cole los niños están en el recreo. Uno pregunta al otro:

- Oye, ¿sabes cuánto es 3x4?

Contesta el otro:

- No sabo.

Se mete un tercero en la conversación y dice:

- No, no es 'no sabo', sino 'no sepo'.

Llega un niño mayor y dice:

- No, no es ni 'no sabo' ni 'no sepo'.

Y le saltan todos:

- Entonces, ¿cómo sería?

Un poco nervioso dice el mayor:

- Pues... no sé.

세비야

안달루시아에서 가장 큰 도시로 대성당, 알카사르, 인디아스 문서보관소, 황금탑, 스페인광장 등 시내 전체가 볼거리로 가득하다. 특히 대성당은 웅장함과 아름다움으로 뿐만 아니라 히랄다 탑과 콜럼버스의 무덤 등으로도 유명하다. 세비야 거리를 걷다 보면 종종 옆의 표시를 만나게 된다. 세비야의 상징이다.

이 상징의 역사는 13세기 말로 거슬러 올라간다. 카스티야의 국왕 알폰소 10세(1252-1284)는 학문과 예술을 적극 후원하고 장려한 공으로 흔히 '현왕(el Sabio)'이라고 불린다. 특히 톨레도의 번역자 학교를 통해 라틴어, 그리스어, 아랍어로 쓰인 고전 서적들을 로망스어로 번역해 중세 유럽 지성사 발전에 크게 기여한 인물이다. 현 스페인어의 토대로 이 당시에 확립되었다.

그러나 말년에는 정치적으로 또 개인적으로 불운했던 군주였다. 1275년 후계자인 큰아들이 사망했다. 다음 후계자로는 둘째 아들인 산초와 큰 아들 소생의 손자가 있었다. 법적으로는 어린 손자의 계승권이 우선했으나 그 동안 이슬람 교도와의 전쟁에서 보여준 산초의 공로 또한 무시할 수는 없었다. 알폰소 국왕은 고심 끝에 손자의 손을 들어 주었다. 그러자 산초가 반발하고 나섰고 많은 귀족들이 이에 동조했다. 대부분의 도시들도 산초에게 충성을 맹세했다. 알폰소 국왕은 권력을 잃고 세비야로 피신했다. 모든 도시들이 산초를 지지할 때 세비야만은 여전히 옛 군주에 대한 의리를 저버리지 않았다. 알폰소 국왕은 1284년 세비야에서 세상을 떠났다. 전해지는 바에 따르면, 죽기 전에 '**No me ha dejado**(나를 저버리지 않았다)'라는 말로 끝까지 자신에게 충성을 다한 세비야를 치하했다고 한다. 이 말은 당시 유행하던 '어말 모음 **-e** 탈락현상'으로 인해 **No ma dejado**로 변했다. 여기에서 가운데에 낀 **ma deja**는 '**8**자 모양의 실꾸러미'를 가리키는 말인 **madeja**와 음 형태가 동일하다. 따라서 이 부분만 따로 떼어서 〈**8**〉로 표시하게 되었다. 이런 과정을 거쳐 앞부분의 **No**, 중간 부분의 **8**, 끝 부분의

Do가 결합된 형태로 굳어진 것이다: 〈**No8Do**〉. **madeja** 표시를 옆으로 눕히기도 한다: 〈**No∞Do**〉. 읽을 때는 **No madeja Do**, 의미는 **No me ha dejado**이다. 이 표시는 오늘날에도 권좌에서 쫓겨난 옛 군주에게 끝까지 의리를 지킨 상징으로 세비야 곳곳에서 찾아볼 수 있다.

LECTURAS EN ESPAÑOL

GRAMÁTICA

접속법 현재: 명사절 (▶ 스페인어문법 기초다지기 18.1)

Lección 18

Espero que nos haga una reserva

Por muy larga que sea la tormenta, el sol siempre vuelve a brillar entre las nubes.

[Khalil Gibran; 1883-1931]

Lección 18

Espero que nos haga una reserva

DIÁLOGO En una agencia de viajes

Empleada Bienvenido. ¿En qué puedo servirle?

Daniel Vine a planear mi luna de miel.

Empleada ¿Se va a casar? ¡Felicidades!

Daniel Gracias. Me caso el mes que viene. Quiero darle una sorpresa a mi novia. Espero que me recomiende Ud. alguna playa bonita.

Empleada Muy bien. Le recomiendo que vayan a Cancún. Es una playa muy hermosa. Además, podrán ver muchas ruinas mayas también. Será fantástico el viaje de su luna de miel.

Daniel Suena bien. ¿Tiene algún paquete?

Empleada Claro que sí. Tenemos un paquete que incluye avión, hotel y comidas por cuatro días y tres noches.

Daniel ¿Cuánto cuesta?

Empleada Cuesta 1.800 euros por persona.

Daniel Uf, es más caro de lo que pensaba.

Empleada Sí, es verdad que no es tan barato. Pero, señor, es el viaje más importante de su vida, ¿no? Será una gran sorpresa y una gran alegría para su novia.

Daniel Bueno, quiero que nos haga una reserva.

Empleada La haré enseguida. Muchas gracias.

LECTURA Las fiestas para festejar la llegada de la primavera y agradecer por las cosechas

Al comenzar el año nuevo los hombres ruegan al cielo o a Dios que el año empiece con suerte y salud. Los españoles celebran la fiesta llamada las Fallas el 12 de marzo en Valencia. Queman las fallas para festejar la llegada de la primavera. Los coreanos también queman las hierbas secas en el campo el 15 de enero según el calendario lunar y ruegan a la luna que prospere la agricultura. En otoño los hombres celebran una ceremonia de agradecimiento al cielo por las buenas cosechas. El Día de Acción de Gracias es una celebración tradicional de Estados Unidos, que se celebra el cuarto jueves de noviembre. Dicen que su origen es la Fiesta de la Cosecha que se realizaba en la Europa Medieval con el primer trigo recogido. Agradeciendo a Dios por los alimentos, los hombres le ruegan que siga protegiéndoles y que les ofrezca buenas cosechas el año siguiente también. En Corea esta ceremonia ritual de dar gracias, que se llama Chuseok, se celebra el día 15 de agosto según el calendario lunar. Ese día los coreanos también, dándoles gracias al cielo y a los antepasados por las buenas cosechas, comparten comidas con los vecinos y ruegan que el año finalice sin obstáculos.

PASATIEMPO El hospital psiquiátrico

Durante una visita a un hospital psiquiátrico, uno de los visitantes le preguntó con mucho interés al director:

- Doctor, ¿qué criterio usan ustedes para decidir si un paciente debe ser internado o no?
- Bueno – dijo el director –, tenemos una prueba científica casi infalible. Consiste en lo siguiente: llenamos completamente una bañera, luego le ofrecemos al paciente una cucharita, una taza y un cubo, y le pedimos que vacíe la bañera. En función de cómo vacíe la bañera, sabemos si hay que internarlo o no. Nos ha llevado años de estudio idear esta prueba, pero es muy exacta.
- Ah, entiendo – dijo el visitante. Una persona normal usaría el cubo porque es mucho más grande que la cucharita y la taza.
- No – dijo el director. Una persona normal sacaría el tapón. Usted, ¿qué prefiere: una habitación con o sin vistas al jardín?

칸쿤과 마야문명

유카탄 반도 끝자락에 자리 잡고 있는 칸쿤은 흔히 '꿈의 휴양지'로 불린다. 세계적인 휴양지들이 즐비한 카리브해에서도 손꼽히는 곳이다. 산호섬의 아름다운 해변을 따라 들어선 수 백 개의 고급 호텔과 리조트, 각종 위락시절은 전 세계의 관광객들을 매혹시킨다. 휴양도시 칸쿤을 더욱 의미 있게 해주는 것은 바로 주변에 있는 마야의 고대 유적들이다. 휴양지 바로 지척에서 역사의 숨결을 느낄 수 있는 흔치 않는 기회이다.

스페인인들이 멕시코 중부의 아즈텍 제국을 멸망시킨 16세기 초, 멕시코 남부의 유카탄 반도와 과테말라, 온두라스 등지에는 기원전 수 세기 전부터 마야족이 세운 또 다른 거대 문명이 존재하고 있었다. 바로 마야문명이다. 기원후 1세기에서 5세기경까지 전성기를 구가했다. 중심 도시는 치첸잇사이다. 이후 점차 쇠퇴하다가 10세기 말경에 유카탄 반도에서 톨테카 족과 합쳐서 다시 문명을 일으킨다. 마야판, 코판, 욱스말 등의 도시를 중심으로 번성했다. 마야 문명은 정치, 경제, 사회, 문화 모든 면에서 매우 발달한 조직 사회였으며 특히 천문학이 발달했다. 이들은 지구의 자전 및 공전 주기, 달의 공전 주기, 일식과 월식의 원리, 태양계의 행성들과 별자리의 이동 법칙 등을 정확하게 이해하고 있었으며 이를 토대로 정밀한 달력을 만들어 사용했다고 한다. 고대부터 0의 개념을 이해하고 사용한 부족이었다고도 한다. 그러나 12세기 이후 쇠퇴하기 시작했다. 16세기 초 스페인 정복자들이 도착했을 때는 이미 정치적인 구심점을 잃고 쇠퇴 일로에 있었다. 이들의 쇠퇴 원인은 부족들 간의 거듭되는 전쟁, 자연재해, 기아 등이 거론되지만 정확한 이유는 밝혀져 있지 않다. 이 문명의 운명 또한 아즈텍 제국와 마찬가지로 스페인인들의 손에 의해 역사 속으로 사라졌다.

LECTURAS EN ESPAÑOL

GRAMÁTICA

접속법 현재: 형용사절 (▶ 스페인어문법 기초다지기 19.1.1)

접속법 현재: 부사절 (▶ 스페인어문법 기초다지기 19.1.2)

Lección 19
¿Hay alguien que lo sepa?

Aunque el final del mundo sea mañana,
hoy plantaré manzanos en mi huerto.

[Martin Luther; 1486-1546]

Lección 19

¿Hay alguien que lo sepa?

DIÁLOGO En una tienda de electrodomésticos

Empleado Hola, ¿qué desea Ud.?

Martina Quiero ver los televisores de pared. Busco un aparato de más de 100 pulgadas.

Empleado ¿En dónde va a instalarlo?

Martina Lo instalaré en mi cafetería, para que lo vean los clientes.

Empleado Estos son los modelos que tenemos. Todos son de alta tecnología y de máxima calidad. Pero ahora no tenemos el tamaño que Ud. busca. ¿No le gusta este modelo de 90 pulgadas? Es el más grande de los que tenemos ahora.

Martina A ver... no tiene función de 4D. Creo que aquí no hay ningún modelo que me guste. (*Mirando el catálogo*) ¿Dónde está este modelo, X120SUHD?

Empleado Lo siento. Ahora no lo tenemos en el mostrador. Lo tenemos en el almacén central, porque no suele haber personas que lo quieran. Si Ud. quiere, lo prepararemos para mañana. Cuando pase de nuevo mañana, podrá verlo y decidir la compra.

Martina Vale, aquí tiene mi tarjeta. ¿Puede llamarme cuando esté preparado?

Empleado Por supuesto que sí. Muchas gracias. Hasta pronto.

LECTURA La calavera de Moctezuma

Un antropólogo americano que trabaja en la Universidad de Princeton va a México para examinar las calaveras antiguas de los indígenas.[1] Un día el antropólogo está cavando la tierra para buscar las calaveras. Un campesino se acerca y le pregunta:

- ¿Qué está haciendo, señor? ¿Busca algo?

El antropólogo, quien es algo bromista, le responde:

- Estoy buscando la calavera de Moctezuma, el último emperador del imperio azteca.
- ¿Si la hallo, me va a pagar por ella?
- Por supuesto que sí. Le pago un peso cuando me la traiga.

Al otro día el campesino aparece de nuevo con una calavera y le dice:

- Señor, tengo una buena noticia para Ud. He traído la calavera que está buscando. Ud. es un hombre de muy buena suerte.

El antropólogo, que le ha dado su palabra, le entrega un peso. Media hora después otro campesino le viene con otra calavera. Pero la que ha traído es muy pequeña.

- Ya acabo de comprar la calavera de Moctezuma. Además esta no puede ser la de Moctezuma, porque es muy pequeña.
- Mire,[2] señor. Esta es muy especial. Es la calavera de Moctezuma cuando era niño.

1) 라틴아메리카 원주민을 지칭하는 말이다. indio는 경멸적인 의미를 담고 있으므로 쓰지 않는 것이 좋다.
2) mirar '보다'의 3인칭 단수 명령형이지만, '잠깐만요' 또는 '저기요'라는 의미의 관용적 표현으로도 쓰인다 (☞ '명령형'에 관한 자세한 사항은 20과 참조).

PASATIEMPO 제품 홍보 편지

Seúl, Corea del Sur
25 de diciembre de 2013

Estimado señor encargado:

Tengo el agrado en enviarle adjunto un nuevo catálogo de nuestros productos que quizás sea de su interés. Nuestros productos mantienen la máxima calidad a buen precio y satisfarán todos los exigentes requerimientos de su empresa. Le informo que los precios en el catálogo son negociables si pide al por mayor. Las compras al por mayor llevarán de un 10% a un 15% de descuento según la cantidad de demanda. Si le interesa la oferta, le ruego una pronta respuesta y le remitiré las muestras que desea Ud. a la mayor brevedad.
Atentamente,

Manuel González
Director de la Sección de Comercio Internacional

자사의 제품을 홍보하는 내용의 편지글 견본이다. 온라인이든 오프라인이든 어디서나 쓸 수 있는 예문이다. 이메일인 경우라면 카탈로그를 첨부파일로 보내면 되고 오프라인이라면 봉투 속에 넣어 보내면 된다. 뭔가를 부탁하는 경우라면 직접적인 명령형('-하시오') 보다는 간접적인 명령형('-해주시기 바랍니다')을 쓰는 것이 좋다.

Les pido que me envíen una muestra.

견본 하나를 보내주시기 바랍니다.[3]

Para más detalles, puede leer la ficha adjunta.

더 자세한 사항은 첨부 파일을 참조하십시오.

Esperamos su pronta respuesta.

조속한 회신을 요망합니다.

3) 동일한 내용을 명령형으로 표현하면 다음과 같다: Envíenme una muestra (☞ 명령형에 관한 자세한 사항은 20과 참조).

미겔 데 우나무노 이 후고

1898년 스페인은 미국과의 전쟁에서 허망하게 패해 쿠바, 필리핀, 푸에르토리코, 괌 등을 잃었다. 18~19세기를 거치며 서서히 기울어 간 대제국의 허울뿐인 위상이 적나라하게 드러난 일대 사건이었다. 이를 계기로 지식인들 사이에서는 기울대로 기운 조국의 현실을 직시하고 의식 개혁을 통해 다시 과거의 영광을 재현하고자 하는 운동이 일어났다. 이른바 '98세대 운동'이다.

우나무노는 이 '98세대'의 대표적인 작가이자 지성인이다. 1864년 빌바오에서 태어났다. 1883년 약관의 나이에 마드리드대학교에서 〈바스크족의 기원과 선사시대의 문제에 대한 비평〉이라는 제목의 논문으로 박사학위를 취득했다. 1891년 살라망카대학교의 그리스어 교수가 되었다. 1936년 퇴임할 때까지 마요르 광장에 있는 카페 노벨티에서 주기적으로 문학동호회 모임을 열었다. 이 카페는 지금도 보존되어 있다. 1900년 36세에 살라망카대학교 총장이 되었다. 1914년 무능한 왕정과 군부독재에 항거하다 해직되었다. 1920년 교수로 복직했으나 1924년 2월 다시 해직되어 카나리아제도로 유배되었다가 7월에 프랑스로 망명했다. 1930년 독재자인 프리모 데 리베라 장군이 실각하자 귀국했다. 1931년 4월 총선에서 살라망카 시 공화파 후보로 출마해 당선되었으며 다시 총장에 임명되었다. 1934년 살라망카대학교 명예 종신총장에 추대되었다.

1936년 내전이 발발하자 처음에는 반군을 옹호했다. 그들에게서 방향을 잃고 표류하고 있는 조국 스페인을 구할 수 있는 단호한 지도력과 애국심을 기대했기 때문이었다. 그러나 얼마 지나지 않아 살라망카에서 많은 동료 지식인들과 시민들이 체포되고 처형당하는 사건이 발생했다. 프랑코를 직접 만나 호소도 해 보았지만 허사였다. 1936년 10월 12일 새 학기 개강식에서 카탈루냐와 바스크를 암적 존재로 여기며 도려내야 한다고까지 주장하는 극우주의자 미얀 아스트라이 장군이 이끄는 팔랑헤 당원들과 격렬한 언쟁을 벌였다. 22일 총장직에서 다시 해임되었다.

그는 당대의 다른 지식인들과 마찬가지로 당시의 스페인이 처한 비참한 현실을 타개할 방안을 찾기 위해 골몰했다. 1898년 미국과의 전쟁에서 패한 후 삼류 국가로 전락한 현실을 직시하고 어떻게 하면 조국 스페인이 다시 과거의 영광을 되찾을 수 있을지, 어떻게 하면 스페인인이 다시 일등 국민으로서 자부심을 갖고 인간과 신을 섬기며 영예롭게 살아갈 수 있을지 끊임없이 고민하고 토론했다. 문학과 예술, 철학 교육을 통해 국민들의 의식을 개조해 과거의 영광에만 집착하는 허영심과 패배주의를 일소하고 자긍심과 명예심을 심어주고자 했다. 그런 과정에서 젊었을 때는 조국을 피폐하게 만든 주범을 무능하고 부패한 왕실과 군부독재라고 보고 이에 항거했다. 한때는 사회주의 사상을 받아들여 제 2공화국에 몸담고 국회의원을 지냈으나 절망감만 느꼈을 뿐이었다. 프랑코 반군을 대안으로 기대했으나 그들 또한 사리사욕과 정치적 광신주의에 빠져 타협과 관용을 모르기는 마찬가지였다. 바스크인인 그가 가장 꺼렸던 지역주의와 패권주의만이 기승을 부렸다. 각 정파는 서로를 신뢰하지도 존중하지도 않았으며 '조국'이라는 대의는 당파의 이익을 위해 쓰이는 미사여구일 뿐이었다. 이 모든 것에 환멸을 느낀 노 지식인은 1936년 12월 31일 살라망카 자택에서 쓸쓸히 눈을 감았다. 그러나 그는 끝까지 꿈꾸기를 단념하지 않았던 '영광되고 하나 된 조국 스페인과 스페인사람들'에 대한 희망을 남기고 떠났다.

대표작으로는 '사랑과 교육 (1902)', '생의 비극적 감정에 대하여 (1913)', '안개 (1914)', '아벨 산체스 (1917)', '툴라 숙모 (1921)', '순교자, 성인 마누엘 부에노 (1930)' 등이 있다.

Nota

LECTURAS EN ESPAÑOL

GRAMÁTICA

명령법 (▶ 스페인어문법 기초다지기 20.1)

Lección 20

Dame la mano

Dame la mano

Dame la mano y danzaremos;
dame la mano y me amarás.
Como una sola flor seremos,
como una flor, y nada más.

El mismo verso cantaremos,
al mismo paso bailarás.
Como una espiga ondularemos,
como una espiga, y nada más.

Te llamas Rosa y yo Esperanza;
pero tu nombre olvidarás,
porque seremos una danza
en la colina, y nada más.

[Gabriela Mistral; 1889-1957]

Lección 20

Dame la mano

LECTURA I Ama la vida y sé feliz

William Shakespeare dijo:

Siempre me siento feliz, ¿sabes por qué? Porque no espero nada de nadie; esperar siempre duele. Los problemas no son eternos, siempre tienen solución. Lo único que no se resuelve es la muerte. No permitas que nadie te insulte, te humille o te baje la autoestima. Los gritos son el arma de los cobardes, de los que no tienen la razón. Siempre encontraremos gente que quiere culparnos de sus fracasos y cada quien tiene lo que se merece. También hay gente hipócrita que te saluda con un beso y un abrazo.

Por eso disfruta la vida porque es muy corta, por eso ámala, sé feliz y siempre sonríe. Solo vive intensamente y recuerda: Antes de hablar, escucha. Antes de escribir, piensa. Antes de criticar, examínate. Antes de herir, siente. Antes de orar, perdona. Antes de gastar, gana. Antes de rendirte, intenta. Antes de morir... ¡vive!

LECTURA II El origen de Tenochtitlán

Al principio los aztecas vivían en el norte de México. Cerca del año 800 sus dioses les dijeron:

- Idos al sur para encontrar una nueva tierra más grande y fértil que la que habitáis ahora. Un día veréis un águila posada en una planta desconocida. El ave tendrá una serpiente en el pico. En ese sitio edificad una gran ciudad y estableceos.

Obedeciendo los mandatos de sus dioses, los aztecas se dirigieron hacia el sur. El viaje fue largo y difícil. Finalmente en el año 1300, llegaron al gran valle de México rodeado de altas montañas. En el centro se encontraba el lago de Texcoco. Los aztecas se pararon en una isla grande.

- Aquí viviremos hasta que nuestros dioses nos indiquen por medio de una señal dónde debemos edificar la ciudad. - dijo el supremo sacerdote.

Los aztecas veneraban al dios de guerra Huitzilopochtli más que a los otros dioses. Este dios, muy tirano y cruel, demandaba ofrendas de corazones humanos sin cesar. Por eso los aztecas debían de atacar a los vecinos para hacer prisioneros destinados al sacrificio. Se expandió un mal rumor acerca de los aztecas.

Lejos, al norte, vivía un dios joven y hermoso Copil, sobrino de Huitzilopochtli. El joven oyó el escándalo de su tío y quería parar la matanza cruel y terrible de los aztecas, que demandaba su tío. Copil se dirigió hacia el valle de México para sacrificarse en lugar de los humanos.

Huitzilopochtli ya había recibido noticias de su llegada por medio de espías y pensaba que él estaba viniendo a atacarle. Mandó a sus sacerdotes.

- Matadlo y traedme su corazón.

Los sacerdotes se acercaron sin ruido adonde dormía Copil y le sacaron el corazón. Ellos lo ofrecieron a su dios Huitzilopochtli como una ofrenda.

A la mañana siguiente los aztecas se sorprendieron al ver una planta verde desconocida que estaba creciendo en el sitio donde fue enterrado el corazón de Copil. De súbito se levantó un viento terrible con nubes oscuras. Al pasar el viento, los aztecas vieron la señal tan esperada: en una rama de la nueva planta un águila estaba posada con una serpiente en el pico. Por fin se cumplió la profecía de los dioses de esta manera. Los aztecas se enteraron de que era en este lugar donde habían de edificar su gran ciudad. Esta ciudad se llamaba Tenochtitlán, la actual Ciudad de México y esa nueva planta que creció del corazón de Copil es el nopal. Esta imagen, un águila posada en el nopal con una serpiente en el pico, se encuentra en la bandera de México.

<Una leyenda de México>

PASATIEMPO El circo

Un circo llegó a la ciudad. El dueño empezó a gritar por todas partes.

- Damas y caballeros, vengan a ver al león más feroz del mundo, solo por 50 euros.

Pero nadie llegaba, así que bajó el precio.

- Damas y caballeros, vengan a ver al león más feroz del mundo, solo por 30 euros.

Sin embargo, ninguna persona se acercaba, y así fue bajando el precio a 20, 10, 5 euros, pero fue en vano. Entonces el dueño anunció:

- Damas y caballeros, vengan a ver al león más feroz del mundo, totalmente gratis.

Como era de esperarse, el circo se llenó hasta reventar.

De pronto el dueño cerró la entrada del circo con el cerrojo y comenzó a gritar.

- La salida a 100 euros porque... ¡Si no, dejaremos libre al león!

가브리엘라 미스트랄

1889년 4월 7일 칠레의 비쿠냐에서 태어났다. 본명은 **Lucila de María del Perpetuo Socorro Godoy Alcayaga**이고 **Gabriela Mistral**은 필명이다. 집이 가난하여 15세 때부터 보조교사로 일하며 습작을 했다. 대학교육을 받지 못했으나 1910년 자신의 지식과 경험만으로 교사 자격증을 취득해 교육자의 길로 들어섰다. 1914년 산티아고에서 열린 플로라 여신제 문학 콩쿠르에서 '죽음의 소네트'로 대상을 수상하면서 본격적인 작품 활동에 들어갔다. 교육에 대한 그녀의 열정과 헌신은 다른 나라에도 큰 반향을 불러일으켜 미국, 멕시코, 스페인, 푸에르토리코, 쿠바 등으로부터 초청을 받았다. 특히 1922년 멕시코 정부의 초청으로 2년간 멕시코에 머물며 교육개혁을 도왔다. 1926년 제네바로 건너가 국제연맹(현 UN의 전신) 산하의 국제협력분과 위원장으로 일했다. 1933년부터는 유럽과 아메리카 여러 나라에서 외교관으로 근무했다. 당시 세계는 제1,2차 세계대전을 전후한 시기라 매우 긴박하고 어수선했다. 시대 상황은 그녀가 한 곳에 정착해 교육과 시작(詩作)에만 전념하는 것을 허락하지 않았다. 활동적인 여성 교육자이자 외교관으로 복잡한 국제사회 한복판에 뛰어들어 부대껴야 했다. 외교관으로 활동하며 쓴 그녀의 시는 많은 외국어로 번역되어 해외에 널리 소개되었고 파블로 네루다와 같은 젊은 후배 작가들에게 큰 영향을 끼쳤다. 인간의 감성과 라틴아메리카의 정서를 서정적으로 잘 그린 공로로 1945년 노벨 문학상을 수상했다. 1957년 1월 10일 자신이 외교관으로 근무했던 뉴욕에서 눈을 감았다. 현재 칠레의 5천 페소 권 지폐에 그녀의 얼굴이 들어 있다. 대표작으로는 '비탄(1922)', '부드러움(1924)', '벌채(1938)', '포도압축기(1954)' 등이 있다.

Nota

LECTURAS EN ESPAÑOL

GRAMÁTICA

접속법 불완료과거: 명사절 (▶ 스페인어문법 기초다지기 21.1)

Lección 21

Ojalá pudiera regresar a los días infantiles

Yo amo, tú amas, él ama, nosotros amamos, vosotros amáis, ellos aman. Ojalá no fuese conjugación sino realidad.

[Mario Benedetti; 1920-2009]

Lección 21

Ojalá pudiera regresar a los días infantiles

LECTURA I Así es la vida

Cuando era niño, la Navidad era muy importante. Yo escribía las cartas a Papá Noel una semana antes y las dejaba debajo del árbol navideño. Yo solía pedir algún juguete con ruedas o una pistola. Al despertarme muy temprano en la Navidad encontraba los regalos que deseaba, me emocionaba y daba muchas gracias a Papá Noel. En aquel entonces todo se movía en torno a mí. Se resolvía todo si yo gritaba 'mamá' en voz alta. Por tanto, ni Ptolomeo ni Copérnico tenían razón en mi infancia, porque parecía que era yo el centro del universo, o sea que la Tierra giraba a mi alrededor.

Pero, con el paso de tiempo fui perdiendo la inocencia infantil, y al final me di cuenta de que Papá Noel no era otra persona que mis padres. A partir de ese momento yo ya no era un ser tan prestigioso en casa, ni más el centro del universo. Yo no tenía otro remedio que reconocer que la Tierra ya no giraba alrededor de mí sino del Sol. Es que Copérnico tenía razón.

Así pasó la vida, de la inocencia al artificio. Ojalá pudiera regresar a esos días infantiles aunque sea solo un momento.

LECTURA II La restauración artística más escandalosa de la historia

En agosto de 2012, en Borja (Zaragoza, España), Cecilia Giménez, una mujer de unos 80 años, hizo una restauración de una pintura llamada *Ecce Homo*,[1] sin pedir permiso a nadie. La obra fue realizada por Elías García Martínez, un artista famoso del siglo pasado, y está en una pared del Santuario de la Misericordia de este pueblo. Ecce Homo quiere decir 'he aquí el hombre' en castellano y 'el hombre' es Jesús con la corona de espinas antes de ser crucificado.

Al ver el mal estado de conservación que presentaba la obra, la anciana la pinceló por su cuenta. Su intento arbitrario causó un daño irrecuperable y resultó un desastre histórico: la obra se transformó en un "esbozo de un mono muy peludo vestido con una túnica de una talla inadecuada", según criticó la BBC inglesa. Es que la pobre anciana arregló la pintura envejecida con buena

1) 라틴어로 '에께 오모'라고 읽으며, '그 사람이 여기 있다' 또는 '바로 저 사람이다'라는 의미이다. 예루살렘의 왕을 참칭한 죄로 기소된 예수가 처형되기 전 군중 앞에 끌려나왔을 때 빌라도 총독이 외친 말이라고 전해진다.

intención, porque solo quería que la iglesia quedara bonita. El problema fue que ella no tenía experiencia ni conocimientos técnicos necesarios para la restauración artística.

Esta noticia, trágica y humorística al mismo tiempo, ha sido expandida en corto tiempo por todo el mundo por medio de Internet. Algunos se burlaron de ella, pero otros simpatizaron con ella o la apoyaron. Se han producido varias parodias. Pero la iglesia no habló mal de ella. Aunque unos especialistas quieren restaurar la obra de nuevo, hay personas que esperan que se conserve esta equivocación de la buena voluntad de una pobre anciana de pueblo. Antes casi nadie prestaba atención a esta iglesia de un pueblo solitario, pero en la actualidad muchos turistas la visitan para ver 'el nuevo *Ecce Homo* de Borja'.

PASATIEMPO 감사 편지

Seúl, Corea del Sur
5 de diciembre de 2014

Estimada señora Rodríguez:

Por medio de la presente quisiera agradecerle todas sus atenciones durante mi estancia en Bogotá. Ha sido un gran placer para mí haber compartido algunos momentos con Ud. y su familia. Espero poder atenderle a Ud. de igual manera durante su próxima visita a Corea.
Le saluda cordialmente,

(Firma)
Eun Jung YOU

수신인의 예로는 다음과 같은 것들도 있다.

Querido amigo: 사랑하는 친구에게

Excelentísimo señor Embajador: 친애하는 대사님께

A quien corresponda: / Estimado encargado: 담당자 귀하

'안녕히 계십시오.'의 의미로 쓰이는 맺음말로는 다음과 같은 것들도 있다. 마침표가 아닌 쉼표를 찍는다.

Atentamente,

Cordialmente,

Un saludo, / Un abrazo, / Un besito,

Mis saludos cordiales,

크리스마스

스페인에서는 12월 24일부터 1월 6일 동방박사의 날까지가 최대의 축제 기간이다. 산타클로스는 프랑스의 영향을 받아 '파파 노엘'이라고 부른다. 크리스마스 한 달 전부터 마드리드 시내 곳곳은 휘황찬란한 네온사인으로 장식된다. 특히 백화점과 고급 상점들이 밀집해 있는 그란 비아와 카야오, 솔 광장 주변은 일찍부터 축제 분위기이다. 그러나 대부분의 스페인인들은 크리스마스를 비교적 조용히 보내는 편이다. 주로 가족과 함께 집에서 보낸다. 반면에 새해 첫날을 맞는 분위기는 매우 요란스럽다. 새해가 밝았음을 알리는 타종 소리를 듣기 위해 수 만 명이 솔 광장에 모인다. 특이한 관습이라면 자정에 12번 종을 칠 때마다 포도를 한 알씩 먹는다는 것이다. 그러나 실제로 종 한번 칠 때마다 포도 한 알씩 먹는 것이 거의 불가능하므로 미리 먹어 두거나 대충 따라하는 시늉만 하고 넘어간다. 이 때 많이 마시는 것이 '카바'라는 샴페인이다. 연말연시가 되면 온갖 매체에서 늘씬한 미녀들이 등장하는 화려하기 짝이 없는 광고가 쏟아진다. 마치 마시지 않으면 이 흥겨운 분위기에서 소외되는 듯한 느낌, 꼭 마셔야만 크리스마스와 연말연시를 제대로 맞이하는 듯한 느낌, 마시면 뭔가 환상적인

일이 일어날 것만 같은 착각에 빠지게 만든다. 이 때 즐겨 먹는 음식은 '투론'이다. 아몬드를 꿀과 계란 흰자에 버무린 과자이다. 통째로 볶아 넣어 딱딱한 것과 곱게 갈아 넣어 부드러운 것이 있다. 크리스마스 때만의 음식은 아니지만 또 다른 달달한 것을 원한다면 톨레도 특산의 '마사판'을 권한다. 처음 먹을 때는 너무 달아 온몸이 오그라들 정도로 진저리가 나지만 몇 번 먹다보면 은근히 중독성이 있어 자꾸 손이 가게 된다.

최고의 이벤트는 뭐니 뭐니 해도 22일에 추첨하는 크리스마스 복권이다. 1812년에 시작되어 역사도 길지만 늘 세계 최고의 어마어마한 상금 액수로 전 세계의 관심사가 된다. 1등은 '엘 고르도'라고 불린다. 1등 총 상금은 2011년부터 4백만 유로이다. 한 번호를 10개로 쪼개 팔고, 이 1/10 복권을 더 쪼개 팔기도 하기 때문에 여러 명이 상금을 나눠 갖는다. 2등(125만 유로)이나 3등(50만 유로) 역시 상금도 많고 수혜자도 수 백 명에 달하기 때문에 '신의 선물'이라고도 불린다. 소소하나마 짭짤한 부수입을 올릴 수 있는 절호의 기회이지만 전 국민이 라이벌인지라 경쟁이 매우 치열하다. '신의 장난'임이 분명하지만 그래도 크리스마스는 늘 즐겁다.

LECTURAS EN ESPAÑOL

GRAMÁTICA

접속법 불완료과거: 형용사절 (▶ 스페인어문법 기초다지기 22.1.1)
접속법 불완료과거: 부사절 (▶ 스페인어문법 기초다지기 22.1.2)
접속법 현재완료 (▶ 스페인어문법 기초다지기 22.2)
접속법 과거완료 (▶ 스페인어문법 기초다지기 22.3)
가정문: 현재사실의 반대 (▶ 스페인어문법 기초다지기 22.1.3)
가정문: 과거사실의 반대 (▶ 스페인어문법 기초다지기 22.3.3)

Lección 22

Si yo tuviera tiempo, iría a España ahora

¿Qué sería de la vida, si no tuviéramos el valor de intentar algo nuevo?

[Vincent Van Gogh; 1853-1890]

Lección 22

Si yo tuviera tiempo, iría a España ahora

LECTURA I ¿Por qué el sapo tiene manchas de altibajos en la espalda?

¿Sabes por qué los sapos tienen la piel irregular llena de manchas? Al principio los sapos tenían la piel muy lisa y hermosa como otros animales. Pero ocurrió una tragedia en una fiesta del cielo.

En tiempos muy remotos todas las aves fueron invitadas a una fiesta del cielo. Cada una de ellas empezó a limpiarse y arreglarse el plumaje y a prepararse para participar en el programa. Todas practicaban con entusiasmo cantando, bailando o tocando instrumentos.

El sapo quería participar en la fiesta, pero no fue invitado. Por faltarle alas no podía volar al cielo. En el bosque se encontró con el cuervo, que estaba dispuesto a emprender el vuelo hasta el cielo con su guitarra.

- Buenos días, señor Cuervo. ¿Adónde va tan temprano?

- ¡Señor Sapo! Voy al cielo para asistir a la fiesta. Allí solo van los que vuelan a gran altura y tienen un plumaje hermoso. Como le faltan alas y plumas, creo que la fiesta no es para usted.

El sapo, aguantando el insulto, esperaba el momento en que se distrajera el cuervo. En un breve instante en que el cuervo bebió agua, se metió en la guitarra sin ser visto para que el cuervo lo llevara al cielo. Después de un largo viaje por los aires, el cuervo llegó a la fiesta. Todas las aves invitadas desfilaban una por una luciendo sus maravillosos plumajes. Cantaban y bailaban con mucha alegría. De pronto se notó un bailarín muy extraño, sin alas ni plumas, pero con cuatro patas. Era el sapo. Cantaba y bailaba con agilidad y causó gran admiración a todas las invitadas. Todas le aplaudieron ruidosamente. El cuervo se enteró inmediatamente de que el maldito sapo le había engañado, pero no dijo nada. Al terminar la fiesta el sapo se metió de salto en salto a la guitarra otra vez sin que lo viera el cuervo. Al regresar, antes de llegar al suelo, el cuervo, deliberadamente, dio vuelta a la guitarra y, por eso, el pobre sapo salió proyectado por el aire. ¡Puf! Pobrecito. Se golpeó mucho con las piedras, pero no se murió. Como consecuencia de ese tremendo golpe, le resultaron las heridas y le quedaron las cicatrices en la espalda hasta hoy en día. A partir de ese accidente ningún sapo quiere volar al cielo ni encontrarse con el cuervo, pero los sapitos hablan con orgullo del viaje extraordinario de su antepasado ilustre.

<Una leyenda de Argentina>

LECTURA II Discurso de Steve Jobs[1]

Nadie quiere morir.

Ni siquiera la gente que quiere ir al cielo quiere morir para llegar allí. Y sin embargo la muerte es el destino que todos compartimos. Nadie ha escapado de ella. Y así tiene que ser, porque la muerte es posiblemente el mejor invento de la vida. Es el agente de cambio de la vida. Retira lo viejo para hacer sitio a lo nuevo.

Ahora mismo lo nuevo son ustedes, pero dentro de no demasiado tiempo, de forma gradual, se irán convirtiendo en lo viejo, y serán apartados. Siento ser tan dramático, pero es la verdad. El tiempo es limitado, así que no lo gasten viviendo la vida de otro.

No se dejen atrapar por el dogma, que es vivir según los resultados del pensamiento de otros.

No dejen que el ruido de las opiniones de los demás ahogue su propia voz interior.

Y lo más importante, tengan el coraje de seguir a su corazón y su intuición.

De algún modo ellos ya saben lo que realmente ustedes quieren ser.

Todo lo demás es secundario.

Cuando yo era joven, había una asombrosa publicación llamada *Catálogo de toda la Tierra*,[2] una de las biblias de mi generación.

1) 애플의 창업자 (1955-2011). 췌장암에 걸려 시한부 인생을 선고 받은 상태에서 행한 스탠퍼드 대학교 졸업식(2005년) 연설의 일부분이다.

2) The Whole Earth Catalog는 1960년대에 유행하던 히피 문화와 정보를 소개하기 위해 1968년 스튜어트 브랜드가 만든 잡지이다. 대항문화(counter culture)를 추구하던 히피들에게 바이블 같은 잡지였고 잡스도 이 잡지의 애독자였다.

La creó alguien llamado Stewart Brand no lejos de aquí, en Menlo Park y la trajo a la vida con su toque poético. Eran los últimos años de la década de los 60, antes de los ordenadores personales y la autoedición, así que se hacía con máquinas de escribir, tijeras, y cámaras Polaroid. Era como Google con tapas de cartulina, 35 años antes de que apareciera Google.[3] Era idealista, y rebosaba de herramientas claras y grandes conceptos. Stewart y su equipo sacaron varios números del *Catálogo de toda la Tierra*, y cuando llegó su momento, sacaron un último número.

Fue a mediados de los años 70, y yo tenía la edad de ustedes.

En la contraportada de su último número había una fotografía de una carretera por el campo a primera hora de la mañana, la clase de carretera en la que podrías encontrarte haciendo autoestop si eres aventurero. Bajo ella estaban las palabras:

"Sigue hambriento. Sigue alocado".[4]

Era su último mensaje de despedida: "Sigue hambriento. Sigue alocado."

3) '구글' 역시 멘로 파크에서 탄생했으며 네트워크 혁신의 대명사이다. The Whole Earth Catalog를 "페이퍼백 형태로 된 구글 같았다"고 표현한 것은 '형식은 페이퍼백 잡지이지만 내용은 혁신으로 가득 차 있었기' 때문이다. 이 잡지가 추구한 이상 가운데 하나가 '의식의 확장'이었고 이는 곧 '상상력'과 '네트워킹'으로 연결되었기 때문이다. 스튜어트 브랜드와 그의 친구들은 1968년 이 잡지 창간호를 내기 전부터 당시로서는 혁신적인 아이디어들을 내놨기 때문에 구글이 설립된 것은 1998년이지만 '35년 전'이라고 말한 것으로 보인다.

4) 영어 원문은 "Stay hungry, stay foolish."이다. The Whole Earth Catalog 폐간호(1971년) 뒤표지에 실린 말로 잡스의 이 연설로 더 유명해졌다.

Y siempre he deseado eso para mí. Y ahora, cuando ustedes se están graduando para comenzar de nuevo, les deseo eso.
"Sigan hambrientos. Sigan alocados."

Muchas gracias a todos.

PASATIEMPO 제품 교환 요청에 대한 답신

Santiago, Chile
15 de diciembre de 2014

Distinguido señor:

En respuesta a su atenta carta anterior, sentimos mucho que el producto que le hemos enviado estuviese en malas condiciones. Esta situación se ha debido, sin duda, al trato incauto en el transporte, puesto que al salir de nuestro almacén la mercancía estaba en perfecto estado. Sin embargo, conforme a lo que solicitó Ud., decidimos cambiar el producto dañado por uno nuevo. Se lo enviaremos a Ud. de inmediato y al mismo tiempo le recogeremos el deteriorado. Todo el gasto será absorbido por nosotros.
Atentamente,

<Firma>
K.G. LEE
Director de Ventas
Bodega El Bebetodo

본문에서는 '새로운 상품을 전달할 때 손상된 제품을 수거해 갈 예정'이라고 적혀 있지만, 경우에 따라서는 '지정된 운송회사를 통해 반품하면 새 것으로 다시 보내주겠다'고 할 수도 있다. 이런 경우에는 Se lo enviaremos a Ud. de inmediato y al mismo tiempo le recogeremos el deteriorado. 대신에, Esperamos que nos devuelva el producto deteriorado por medio de la empresa determinada de transporte, y luego le enviaremos otro nuevo.라고 표현하면 된다.

만약 제품 손상이 '배송 지연이나 취급 부주의' 때문이라면 다음과 같이 쓸 수도 있다: Esta situación se ha debido, sin duda, a demoras en el transporte (부패한 경우)/ al manejo incauto de la empresa de entrega (깨진 경우) puesto que al salir de nuestro almacén la mercancía estaba en perfecto estado.

메르세데스 소사

아르헨티나의 민중가요 가수이다. 본명은 **Haydée Mercedes Sosa**로 1935년 투쿠만에서 태어났다. 디아키타족 원주민인 아버지는 가난한 공장 노동자였고 어머니는 남의 집에서 허드렛일을 하며 가정을 꾸려 나갔다. 아버지의 피를 이어받아 머리가 검고 피부도 가무잡잡하다. 그런 이유로 **La Negra**라고도 불린다. '신이 내린' 타고난 목소리와 풍부한 감성으로 어려서부터 두각을 나타냈다.

1957년 음악가인 오스카르 마투스와 결혼했으며, 시인, 화가, 배우 등 다 방면의 지식인, 예술가들과 교류하며 지평을 넓혀 나갔다. 1959년 쿠바에서 혁명이 성공하자 미 제국주의와 독재에 신음하던 라틴아메리카의 민중들은 열광했다. 체 게바라의 혁명이념과 열정이 들불처럼 번져나갔으며 '하나 된' 라틴아메리카를 꿈꾸기 시작했다. 라틴아메리카 민족주의가 싹튼 것이었다.

1963년 이런 분위기 속에서 남편을 비롯한 많은 예술가들과 **Nuevo Cancionero** – 국제적으로는 **Movimiento de la Nueva Canción** '새 노래운동'– 이라고 불리는 노래운동을 전개하기 시작했다. 기존의 상업주의에 물든 서구식 가요와는 다른 방향성을 모색했다. 진정으로 '대중' 속으로 향한 것이었다. 라틴아메리카의 토속성과 서정성을 바탕으로 삼았다는 점에서도 새롭다. 안데스와 팜파스 등 광활하고 광대한 자연 속에서 또는 대도시 빈민가에서 척박하게 삶을 이어가는 원주민과 노동자, 농민의 고단한 삶과 사랑, 희망을 담고 있다. 이들의 원초적인 감성을 토속적인 가락으로 시를 읊듯 풀어냈다. 이데올로기적으로는 반독재, 반제국주의적인 성향을 띈다. 따라서 '저항가요'라고도 불리지만, 단순한 저항가요가 아니다. 정권과 체제에 대한 저항을 넘어 인간의 희노애락을 울림 깊은 가락에 담아 궁극적으로 내면의 자유와 해방을 추구했다는 점에서 진정한 의미의 민중가요인 것이다. 이미 칠레의 비올레타 파라나 아르헨티나의 아타우알파 유팡키 등이 선구자로서 길을 닦아 놓고 있었다. 그 위에 소사가 꽃을 피운 것이었다. 자아에 눈 뜬 대중들은 그녀의 노래에 열광했다.

60–70년대 라틴아메리카의 상황은 여전히 암울했다. 1967년 2월 비올레타 파라가 자살했다. 소사는 파라가 남긴 유명한 곡인 〈**Gracias a la vida**〉를 다시 불러 많은 이들의 심금을 울렸다. 1973년 9월에는 칠레의 빅토르 하라가 피노체트 정권에 의해 살해당했다. 1976년 소사 역시 쿠데타로 집권한 비델라 정권의 블랙리스트에 올라 감시 대상이 되었고 음반은 판매중지 되었다. 1979년 프랑스로 망명했다. 마드리드로 옮겨 활동을 계속했으나 고국을 떠나 사는 것은 고통일 뿐이었다. 절망감에 자살까지 생각했다. 1982년 주변의 만류를 뿌리치고 귀국을 감행했다. 목숨을 건 모험이었다. 수차례에 걸쳐 독재에 항거하는 공연을 열었다. 당시에 부른 〈**Yo vengo a ofrecer mi corazón**〉은 그녀의 대표곡 중 하나가 되었다. 노랫말 "**¿Quién dijo que todo está perdido? Yo vengo a ofrecer mi corazón.**"처럼 자신을 던져 절망 속에서 헤매고 있는 동포들에게 한 줄기 빛이 된 것이었다. 이 순교자적 절규에 대중들은 눈물을 흘렸다. 소외계층을 옹호하고 인간의 존엄성을 외친 소사는 독재와 제국주의에 신음하던 아르헨티나뿐만 아니라 라틴아메리카를 대표하는 민중음악의 선구자였다. 그녀의 노래 속에서 직설적인 선동 구호는 찾기 힘들다. 대신 가슴을 들끓게 하는 묵직한 목소리로 자유와 평등, 정의를 외치고 있다. 인간은 누구나 억압받지 않고 착취당하지 않을 권리가 있다는 것, 인간은 누구나 그 자체로 존중받을 가치가 있는 존재라는 메시지를 담고 있다. 그 외침은 어떠한 이데올로기적 구호보다 울림이 더 강렬하고 여운이 오래 남는다. 전 세계 수많은 팬들이 여전히 그녀를 '아메리카의 목소리'로 찬미하는 이유이다. 수십 장에 달하는 앨범을 발표했고 히트곡 또한 수 없이 많다. 대표곡으로는 앞에서 말한 곡들 이외에도 젊은 나이에 요절한 여류시인 알폰시나를 기린 〈**Alfonsina y el mar**〉, 〈**Canción con todos**〉, 〈**Solo le pido a Dios**〉, 〈**Todo cambia**〉, 〈**Soy pan soy paz soy más**〉, 〈**Balderrama**〉, 〈**Zamba para no morir**〉 등을 들 수 있다. 2009년 10월 부에노스아이레스에서 사망했다.

Nota

어휘표

A

a prep. –를, –에게, –쪽으로, –를 위해
abdicación f. 퇴위, 사직
abecedario m. 자모, 자모표
abrazo m. 포옹
abrigo m. 외투
abril m. 4월
abrir tr. 열다, 펴다; intr. 열리다, 펴지다
absorber tr. 흡수하다
abuelo,a m.f. 조부, 조모
aburrir tr. 지루하게 하다, 괴롭히다
acabar tr. 끝내다, 마치다; intr. 끝나다, 죽다
academia f. 아카데미, 학교, 학원
académico,a adj. 학교의, 학회에 관한
accidente m. 사고, 우발적 사건
acción f. 행동
aceite m. 기름
aceptar tr. 받아들이다
acerca de -에 대해서
acercar tr. 접근시키다, 가까이 하게 하다; ~se a -에 접근하다.
acostar tr. 눕히다; ~se 눕다, 잠자리에 들다.
actitud f. 태도, 자세
actual adj. 현실의, 현재의
actualidad f. 현실, 현재; en la ~ 현재, 오늘날
acuerdo m. (의견의) 일치, 동의, 협정, 협약; de ~ con -에 동의하여
adecuado,a adj. 적절한
adelante adv. 앞으로
además adv. 더욱이, 게다가, 그밖에
adiós interj. 안녕!
adjunto adj. 동봉한
admiración f. 감탄
adonde adv. –하는 곳
adorar tr. 경배하다, 숭배하다
aeropuerto m. 공항
afán m. 열심, 욕망
agencia f. 에이전트 업무, 중개업
agente m.f. 대리인, 중개인
agilidad f. 날렵함; con ~ 재빨리, 날렵하게
agosto m. 8월
agotado,a adj. 바닥난, 지친
agradable adj. 즐거운
agradecer tr. 감사하다
agradecimiento m. 사의, 감사
agrado m. 상냥함, 즐거움
agravar tr. 더 무겁게 하다, 악화되다
agricultura f. 농업

agua f. 물
aguantar tr. 참다
águila f. 독수리
aguja f. 첨두(尖頭), 첨탑의 끝 부분, 바늘
agujero m. 구멍
ahí adv. 거기에, 그 쪽에
ahogar tr. 숨막히게 하다
ahora adv. 지금; ~ mismo 지금 바로
aire m. 공기, 대기, 바람
ala f. 날개
alcanzar tr. 닿다, 따라잡다, 획득하다
alegría f. 환희, 기쁨, 즐거움
algo pron. 어떤 것, 무엇; adv. 약간, 얼마간
alguien pron. 어떤 사람, 누군가
alguno,na adj. 어느, 어떤, 얼마간의
alimento m. 먹을거리, 음식
aliviar tr. 줄이다, 진정시키다
allá adv. 저기, 저곳에
allí adv. 저기, 저곳에
alma f. 혼, 정신
almacén m. 상점
almorzar tr. 점심을 먹다
aló interj. 안녕, 헬로.
alocado,a adj. 미친 사람 같은, 그다지 분별없는
alrededor adv. 주위에; ~ de 약, 대략, 주위에
altibajos m.pl. 기복, 부침
altitud f. 높이
alto,a adj. 높은, 키가 큰
altura f. 높이, 정상, 고도
alumno,a m.f. 학생
amable adj. 친절한, 다정한, 사랑스러운
amante adj. (de) -를 좋아하는; m.f. 연인, 애인
amar tr. 사랑하다
amargo,a adj. 쓴
ambiente adj. 주위에 있는; m. 분위기, 환경
amenazar tr. 위협하다, 협박하다; intr. –할 위험이 있다
americano,a adj. 아메리카(América)의; m.f. 아메리카 사람
amigo,a adj. 사이좋은, 친한; m.f. 친구
amistad f. 우정
amor m. 사랑
analista m.f. 화학적/의료적 분석가
anciano,a m.f. 노인
andar intr. 걷다
animal m. 동물
aniversario adj. 해마다의, 매년의; m. 기념일
año m. 해, 년(年)
ante prep. –의 앞에
antepasado m. 선조, 조상
anterior adj. 앞의
antes adv. 전에, 앞에
antigüedad f. 옛날, 고대
antiguo,a adj. 고대의, 옛날의, 해묵은
antropólogo,a m.f. 인류학자
anunciar tr. 알리다, 통지하다
anuncio m. 알림, 통지, 광고
apagar tr. 지불하다
aparato m. 기계, 기구
aparecer intr. 나타나다
apariencia f. 출현
apartado m. 사서함, 별실
apenas adv. 거의 –아니다, 고작, –하자마자
apertura f. 개설, 개시
aplaudir tr. 박수를 보내다
apoyar tr. 기대다, 쉬게 하다, 받치다, 지원하다
aprender tr. 배우다
aprendizaje m. 배움, 견습, 도제(徒弟)

aprobar tr. 시도하다, 시식하다

aprovechar tr. 이용하다; intr. 도움이 되다

aproximadamente adv. 대략

aquel,lla adj. 저; pron. 저 것, 전자

aquí adv. 이곳, 이곳에

arbitrario,a adj. 임의의, 멋대로의

árbol m. 나무

área f. 지역

árido,a adj.

arma f. 무기, 병기; (pl.) 군대

armado,a adj. 무장한

arreglar tr. 정리하다, 수리하다

arte m. 예술

articulación f. 연결, 조음

artificio m. 장치, 기계, 재주

artista m.f. 예술가

artístico,a adj. 예술의, 예술적인

asalto m. 강도, 습격

asamblea f. 모임, 회의; A– 의회, 국회

así adv. 이렇게, 그렇게, 이런 식으로; conj. 그리하여, 그 때문에

asignatura f. 과목, 교과

asistir tr. 따르다, 수반하다, 돕다, 원조하다, 거들다, 보조하다

asomar tr. 내밀다, 엿보다; ~se 나타나다

asombroso,a adj. 놀라운, 놀라게 하는

astuto,a adj. 교활한, 간사한

atacar tr. 공격하다, 덮치다, 습격하다

atención f. 주의, 관심, 선심, 호의

atender tr. 기다리다, 대접하다

atento,a adj. 신중한, 조심스러운, 정중한, 공손한

atletismo m. 육상

atrapar tr. 잡다, 얻다, 획득하다

atrás adv. 뒤로, 뒤쪽에

atrever ~se a 감히 –하다

aula f. 강의실

aún adv. 아직

aunque conj. –이기는 하지만, –일지라도

aurea dicta [라] 금언, 격언

autobús m. 버스

autoedición f. 컴퓨터를 이용한 출판

autoestima f. 자존심, 자부

automático,a adj. 자동의, 기계적인

autor,a m.f. 작가, 저자

avance m. 전진

avaro,a adj. 욕심 많은, 인색한

ave f. 큰 새, 조류

Av. f. 대로, 거리 [Avenida의 약어]

aventurero,a adj. 모험을 좋아하는, 모험적인, 대담한

avión m. 비행기

avisar tr. 알리다

ayer adv. 어제, 어저께

ayudar tr. 돕다

azteca adj. 아스테카 족 사람의; m.f. 아스테카 족 사람

azúcar m.f. 설탕

azul adj. 푸른, 청색의; m. 청색

B

bailar intr. 춤추다

bailarín,na adj. 춤추는; m.f. 무용가

baile m. 춤

bajar tr. 낮게 하다, 내리다; intr. 낮아지다, 내려가다

bajo,a adj. 낮은, 키 작은; adv. 낮게, 아래로; prep. -아래

balcón m. 발코니

balonmano m. 핸드볼

balonvolea f. 배구 (=voleibol)

banco m. 은행; B~ de España 스페인은행

bandera f. 깃발

bañera f. 욕조

bar m. 바, 선술집

barato,a adj. 값이 싼

barco m. 배

barrera f. 장벽

básquetbol m. 농구

bastante adj. 충분한; adv. 충분하게

beber tr. 마시다

bebida f. 음료수

béisbol m. 야구

bellaco,a adj. 마음씨가 나쁜, 간사한, 교활한

beso m. 입맞춤

biblia f. 지혜, 재치

biblioteca f. 도서관

bicicleta f. 자전거

bien adv. 잘, 훌륭하게

bienvenido,a adj. 잘 환영받은; interj. 환영합니다

blando,a adj. 부드러운

blusa f. 블라우스

boca f. 입

bocadillería f. 샌드위치 가게

bocadillo m. 샌드위치

bodega f. 와인 창고

bonito,a adj. 귀여운, 예쁜

borracho,a adj. 술 취한

bosque m. 숲

bravo,a adj. 용맹한, 사나운

breve adj. 짧은 시간의

brevedad f. 간단함

brillante adj. 빛나는, 눈부신

brillar intr. 빛나다, 눈에 띄다,

brisa f. 산들바람, 미풍

bromista adj. 농담을 좋아하는; m.f. 농담을 좋아하는 사람, 익살스런 사람

bucear intr. 잠수하다

bueno,a adj. 좋은, 훌륭한

bufanda f. 머플러, 목도리

burlar tr. 놀리다; ~se de -을 조롱하다

busca f. 수색, 검색; en ~ de -을 찾아서

buscar tr. 찾다

C

caballero m. 기사, 신사

cada adj. 각각의, 저마다

cadáver m. 시체

caer intr. 떨어지다, 쓰러지다

café m. 커피

cafetería f. 커피숍

caída f. 떨어지는 일, 낙하, 하강

calamar m. 오징어

calavera f. 두개골

calcetín m. pl. 양말

calefacción f. 난방

calendario m. 달력

calidad f. 품질

callar tr. 말하지 않다; ~se 입을 다물다

calle f. 도로, 거리, 가(街)

calor m. 열, 더위

cámara f. 거실, 회의, 카메라

camarero,a m.f. 종업원

cambiar tr. 바꾸다, 교체하다

cambio m. 변화; en ~ 반대로

camino m. 길

camión m. 트럭

camisa f. 셔츠

camiseta f. 티셔츠

campeón,na m.f. 챔피언, 우승자

campesino,a m.f. 농부

campo m. 들, 들판

campus m. 대학교정

candidatura f. 후보자들의 모임, 후보자

cansado,a adj. 피곤한

cantar tr. 노래하다

cantidad f. 양(量)

capacidad f. 능력, 용량

capital adj. 머리의, 주요한; m. 자본; f. 수도(首都)

capullo m. 애벌레의 집, 고치

característica f. 특징, 특색

cargo m. 직위, 직책, 적하, 짐

carismático,a adj. 카리스마의

caro,a adj. 비싼

carretera f. 도로

carta f. 편지, 카드

cartulina f. 판지

casa f. 집

casar tr. 결혼시키다; ~se con -와 결혼하다.

cáscara f. 껍질

casi adv. 거의, 대략

castellano adj. 카스티야(Castilla)의; m.f. 카스티야 사람; m. 카스티야 어

catálogo m. 목록, 카탈로그

catarata f. 폭포; C- de Iguazú 이과수폭포

catedral f. 주교좌성당, 대성당

caudal m. 수량(水量), 자산, 자금, 풍부, 다량

caudaloso,a adj. 수량이 많은

causar tr. 야기하다, 불러일으키다

cavar tr. 파다, 깊이 들어가다

celebración f. 개최, 축하 행사

celebrar tr. 축하하다, 기리다, 개최하다; intr. 열리다, 개최되다

célebre adj. 유명한, 이름난

cena f. 저녁 식사

céntimo m. 센티모 (1유로의 100분의 1의 가치가 있는 돈)

central adj. 중앙의, 중심의; f. 본부, 본점

centro m. 가운데, 중앙, 중심지

cerámica f. 도자기

cerca adv. 가까이, 가까이에; ~ de 가까이에

cerdo m. 돼지

ceremonia f. 의식

cerrado,a adj. 닫힌

cerrar tr. 닫다

cerrojo m. 빗장, 걸쇠

cerveza f. 맥주

cesar intr. 그만두다, 중지하다

chamariz m. 방울새

chao interj. 안녕, 안녕히 가세요.

charcutería f. 소시지 가게

charlar intr. 잡담하다

chico,a adj. 작은; m.f. 어린아이

chocar intr. 충돌하다, 부딪치다

chopo m. 포플러 나무

chupar tr. 빨다

cicatriz f. 흉터, 상처 자국

ciego,a adj. 눈 먼; m.f. 장님
cielo m. 하늘
ciencia f. 과학, 학문; ~ ficción 공상과학
científico,a adj. 과학의; m.f. 과학자
cinco adj. 5의; m. 5
cine m. 영화관, 영화
circo m. 서커스장, 서커스
cirugía f. 수술; ~ plástica 성형수술
ciudad f. 시, 도시
claro,a adj. 분명한, 명백한; ~ que sí 물론이지요.
clase f. 수업, 교실
clavar tr. 못으로 고정시키다en prep. –에, –안에
clave f. 풀이, 비결
cliente m.f. 고객, 손님
clima m. 기후, 풍토
climático,a adj. 기후의
cobarde adj. 겁이 많은, 소심한 m.f. 겁쟁이
coche m. 자동차
cochinillo m. 새끼 돼지
cocodrilo m. 악어
código m. 코드; ~ postal 우편번호
coger tr. 잡다
cola f. 꼬리, 맨 끝
cole m. 학교, 기숙사 [colegio의 약어]
colegio m. 학교, 기숙사; ~ Mayor 기숙사
colgar tr. 매달다, 걸치다
colina f. 언덕
color m. 색깔
combate m. 전투, 싸움
comedor m. 식당
comenzar tr. 시작하다; intr. 시작되다
comer tr. 먹다; intr. 먹다, 식사하다
comercio m. 상업, 통상, 거래
cómico,a adj. 희극의; m.f. 희극 배우
comida f. 음식
cómo adv. 어떻게, 뭐라고
como conj. –과 같이, –처럼, –대로, –로서
cómodo,a adj. 편리한, 사용하기 간편한, 쾌적한
compañero,a m.f. 동료, 벗
compañía f. 회사, 상사, 동반, 수반
comparación f. 비교, 비유
compartir tr. 나누다, 분배하다
completo,a adj. 완전한, 가득한, 전부의
compra f. 구입, 쇼핑
comprar tr. 사다, 구입하다
comprender tr. 이해하다, 포함하다
comprobar tr. 확인하다, 증명하다
comunista m.f. 공산주의자, 공산당원
con prep. –와 함께
concepto m. 개념
concha f. 조개껍질
concreto,a adj. 구체적인; en ~ 구체적으로
condición f. 조건
conejo m. 토끼
confirmar tr. 확인하다, 확증하다
conforme adj. 적합한, 합치된
conjugación f. 연결, 동사의 어미변화
conmigo pron. 나와 함께
conocer tr. (사람, 장소 등을) 알다
conocimiento m. 지식, 인식, 지각
consecuencia f. 결과, 중대함; como ~ 그 결과로서
consecutivo,a adj. 계속된, 뒤를 잇는
conseguir tr. 얻다, 입수하다
conservación f. 보존, 유지
conservar tr. 보존하다, 유지하다
considerar tr. 고려하다, –라고 생각하다
consistir intr. (en) –에 있다, –에 기초를 두다.

–으로 이루어지다

conspiración f. 음모, 모의

constitución f. (주로 pl.) 헌법

contaminación f. 오염

contaminar tr. 오염시키다

contar tr. 계산하다, 이야기하다

contemporáneo,a adj. 동시대의, 현대의; m.f. 동시대인, 현대인

contento,a adj. 만족한

contestar tr. 대답하다

contigo pron. 너와 함께

contra prep. –에 대하여; en ~ de -에 반대하여

contraportada f. 마지막 페이지, 겉표지

contrario,a adj. 반대의, 적의; m. 반대, 방해

conversación f. 대화, 대담, 회화

convertir tr. 변화시키다, 바꾸다, 개종하다; ~se en ~으로 변하다.

copa f. 술잔

coraje m. 용기, 기력, 분함, 화

corazón m. 심장, 마음, 애정, 사랑

corbata f. 넥타이

cordial adj. 심장의, 진심의, 정중한

coreano,a adj. 한국(Corea)의; m.f. 한국사람; m. 한국어

corona f. 관, 왕관

correr intr. 달리다

corresponder tr. 상응하게 하다; intr. 상응하다, 어울리다

cortar tr. 자르다, 베다, 차단하다

cortesía f. 예의, 예절

corto,a adj. 짧은

cosa f. 사물, 일

cosecha f. 수확, 추수

costar intr. 비용이 들다, (값이) –이다

crear tr. 창조하다

crecer intr. 성장하다, 자라다

creer tr. 믿다, 생각하다

criterio m. 기준, 척도

criticar tr. 비평하다, 비판하다

crucificar tr. 십자가에 못 박다, 박해하다

cruel adj. 잔인한, 처참한, 모진

cuadro m. 그림, 광경

cuál pron. 어느 것, 어떤 것; adj. 어느, 어떤

cuán adv. 얼마나, 어떻게

cuando conj. ~할 때

cuándo adv. 언제

cuánto,a adj. 몇 개의, 얼마만큼의; adv. 얼마나

cuarto adj. 네 번째의, 사등분한; m. 4분의 1, 방

cuatro adj. 4의; m. 4

cubierto,a adj. 덮인; ~ de -으로 덮인

cubismo m. 큐비즘, 입체파

cubo m. 정육면체

cuchara f. 숟가락

cuenta f. 계산, 계좌; darse ~ de -을 깨닫다.

cuerpo m. 신체, 몸

cuervo m. 까마귀

cuidar tr. 신경을 쓰다, 보살피다, 돌보다

culpar tr. 씌우다, 고소하다

cultura f. 문화

cumbre f. 산꼭대기, 정상

cumpleaños m. 생일

cumplir tr. 완수하다, 수행하다; intr. 의무, 의리를 다하다

curriculum vitae. [라] 이력서

cursar tr. 이수하다, 보내다

curso m. 과정

D

dañar tr. 해를 입히다.
daño m. 해, 상처
danza f. 춤
danzar tr. intr. 춤추다
dar tr. 주다; ~ vuelta 돌다
dato m. 자료
de prep. –의
debajo prep. 아래로; de -의 아래에
debate m. 토론, 논쟁
deber tr. ~해야 한다(의무, 채무, 은혜 등을) 입다
debido,a adj. 반드시 그래야 할, 규정대로의
década f. 10으로 된 것, 10일, 10년
decidir tr. 결정하다, 해결하다
decir tr. 말하다
dedo m. 손가락, 발가락
defensa f. 방어; en ~ de -을 방어하기 위해
definir tr. 정의하다
dejar tr. 놓아두다, 방치하다, 남기다
deliberado,a adj. 의도된, 고의적인, 임의의
delicioso,a adj. 맛있는, 감미로운
demanda f. 청구, 제소, 신청
demandar tr. 청구하다, 소송하다, 요구하다
demás adj. 나머지의, 그 밖의; pron. 나머지, 그 밖의 것
demasiado,a adj. 지나친; adv. 지나치게
democracia f. 민주주의
demora f. 지연, 지체
demostrar tr. 드러내다, 보이다, 나타내다, 증명하다
dentro adv. 안으로, 속으로, 안에, 속에
denunciar tr. 고발하다, 고소하다
depender intr. 의존하다, 의지하다, 종속하다
desaparecer tr. 보이지 않게 하다, 숨기다, 감추다
desastre m. 재앙, 재난
desayunar intr. 아침밥을 먹다
desayuno m. 아침밥
descalificar tr. 자격을 박탈하다, 실격시키다
descansar intr. 쉬다, 휴식하다, 기대고 있다
desconocido,a adj. 낯선, 알지 못하는; m.f. 낯선 사람, 모르는 사람
descuento m. 할인
desde prep. –부터, –이래
desdén m. 무관심, 냉담, 경멸
desear tr. 원하다, 탐내다, 바라다
deseo m. 소원, 소망, 욕망
desfilar intr. 행진하다, 줄지어 가다
desierto adj. 황량한, 처량한; m. 사막
despedida f. 작별, 이별
despedir tr. 작별하다, 해고하다; ~se 헤어지다, 이별하다
despeinado,a adj. 머리·털이 헝클어진, 머리·털을 빗지 않은
despertar tr. 잠을 깨우다, 눈뜨게 하다; ~se 잠에서 깨다
despreciar tr. 경멸하다, 경시하다, 거절하다
después adv. 뒤에, 후에; ~ de -한 후에
destinado,a a adj. 운명에 놓인, 할당받은
destinatario m.f. 수취인, 수신인
destino m. 운명, 목적지; con ~ a -행(行)
detalle m. 상세, 세부
deteriorado,a adj. 망가진, 손상된
determinado,a adj. 과감한, 일정한, 특정한; m.f. 과감한 사람
devolver tr. 반환하다, 돌려주다

día m. 날, 일

diario,a adj. 날마다의; m. 일기, 일간지

diciembre m. 12월

dictatorial adj. 독재적인, 독단적인

diente m. 이, 치아

diez adj. 10의; m. 10

diferente adj. 다른, 상이한

difícil adj. 어려운

digno,a adj. 가치가 있는, 할 만한, 위엄이 있는

dimensión f. 크기, 규모

dinero m. 돈

dios m. 신; Dios 유일신, 하나님

dirección f. 방향, 방면, 지휘, 조종

director,ra m.f. 장, 시장, 부장, 지휘자, 감독

dirigir tr. –로 향하다, 이끌다, 인도하다, 지휘하다, 통솔하다; ~se a -로 향하다

discurso m. 연설, 강연

disfrutar tr. 가지고 있다, 이익을 보다; intr. (de) 향유하다, 즐기다

disponer tr. 배치하다, 준비하다; intr. 쓰다, 이용하다

dispuesto,a adj. 준비된, 갖추어진

disputar tr. 다투다, 언쟁하다

distinguido,a adj. 고상한, 저명한, 탁월한

distraer tr. 주의를 다른 곳으로 돌리다; ~se 방심하다.

divertir tr. 즐거움을 주다, 기쁨을 주다, (주의를) 딴 데로 돌리다; ~se 즐기다

dóberman m. 도베르만 (투견의 일종)

dos adj. 2의; m. 2

doce adj. 12의; m. 12

doctor,ra m.f. 박사

doctorar tr. 박사학위를 수여하다

doctoral adj. 박사의

dogma m. 교리, 학설

doler intr. 아프다, 마음 아프게 하다

dominar tr. 지배하다, 통제하다, 통달하다; intr. 우세하다, 지배적이다

don m. 선물, 은총, 재능, 씨, 님

donde adv. 그곳에서, 그곳으로, 그곳에; pron. 곳

dónde adv. 어디, 어디에, 어디로

dorado,a adj. 금색의, 금도금한, 눈부신

dormir tr. 재우다, 잠들게 하다; intr. 잠자다

dos adj. 2의; m. 2; dos a dos 둘씩

dramático,a adj. 연극의, 극적인

ducha f. 샤워, 샤워기

duchar tr. 샤워시키다; ~se 샤워하다

duda f. 의심, 의문

dudar intr. 의심하다, 주저하다

dueño,a m.f. 주인, 소유주

dulce adj. 달콤한, 맛이 단; m. 맛이 단 것

durante adv. –이 계속되는 동안; adj. 계속되는, 지속하는

durar intr. 지속되다, 연속되다, 계속하다

duro,a adj. 단단한, 엄한, 혹독한

E

echar tr. 던지다, 넣다

economía f. 경제

edad f. 나이, 연세

edificar tr. 세우다, 건설하다, 창설하다

edificio m. 건물, 빌딩

ejemplo m. 예, 본보기; por ~ 예를 들어서

el art. 남성 정관사

él pron. 그는

elección f. 선택, 선출

electrodoméstico,a adj. 가전제품의

elevar tr. 올리다

ella pron. 그녀

ello pron. (중성) 그것

embajador,ra m.f. 대사

embargo m. 차압, 수출금지; sin ~ 그러나, 그럼에도 불구하고

embellecer tr. 아름답게 하다, 장식하다

emblemático,a adj. 상징적인, 전형적인

emocionar tr. 마음을 동요시키다, 감동시키다

emperador m. 황제

empezar tr. 시작하다; intr. 시작되다

empleado,a adj. 고용된; m.f. 직원, 점원

emprender tr. 시도하다, 착수하다

empresa f. 기업, 사업, 꾀하기, 계획

en prep. –에, –에서

encantado,a adj. 매우 만족스러운, 매혹된

encantar tr. 현혹시키다, 매혹시키다

encarcelado,a adj. 투옥된; m.f. 투옥된 사람

encarcelar tr. 투옥시키다

encargado,a adj. 의뢰받은, 담당한; m.f. 담당자

encontrar tr. 만나다, 찾다; ~se con -를 만나다.

energía f. 힘, 기력, 에너지

enero m. 1월, 정월

enfermedad f. 병, 질병

engañar tr. 속이다, 사기하다

englobar tr. 포함하다, 합치다

enojo m. 성냄, 성가심

ensalada f. 샐러드

enseguida adv. 당장에, 즉각

enseñar tr. 가르치다, 교육하다

entender tr. 이해하다, 알아듣다, 양해하다; intr. 알다, 이해력이 있다

enterar tr. 알리다, 보고하다; ~se de -을 알아차리다, –을 깨닫다.

enterrar tr. 매장하다

entonces adv. 그렇다면, 그래서; en aquel ~ 그 당시에

entrada f. 입장, 입장권

entrar intr. 들어가다, 참가하다, 입회하다

entre prep. –의 사이에, –의 사이에서

entrega f. 건네줌, 양도

entregar tr. 건네주다, 양도하다

entrenar tr. 훈련하다, 트레이닝 시키다

entrevista f. 회견, 회담, 인터뷰

entusiasmo m. 열광, 열중

envejecer tr. 늙게 만들다, 숙성시키다

enviar tr. 보내다, 발송하다, 부치다, 파견하다

episodio m. 에피소드, 일화, 삽화

época f. 시대

equipo m. 팀

equivocación f. 틀림, 오류, 실수

error m. 실수, 잘못

esbozo m. 스케치, 초고

escama f. 비늘, 의심

escamoso,a adj. 비늘이 있는; m.f. 몸이 비늘로 덮인 파충류

escándalo m. 큰 소동, 추문

escandaloso,a adj. 파렴치한, 뻔뻔스런, 큰 소동을 일으키는

escapar intr. 도망치다, 나오다

escena f. 무대, 연극, 장, 장면

escoger tr. 선별하다, 고르다

esconder tr. 감추다, 숨기다

escribir tr. 쓰다, 필기하다; intr. 편지를 쓰다

escuchar tr. 주의 깊게 듣다, 귀담아 듣다, 경청하다

escuela f. 학교

escultura f. 조각

ese,a adj. 그, 그런; pron. 그 것

eso pron. 그것; a eso de 약, ~경에, por ~ 그래서

espacio m. 공간

espalda f. 등

español,la adj. 스페인(España)의; m.f. 스페인 사람; m. 스페인어

especial adj. 특별한, 특수한, 전문의

especialista m.f. 전문가

especie f. 종, 종류

espera f. 기다림

esperanza f. 희망, 기대, 소망

esperar tr. 기다리다, 기대하다, 희망하다, 바라다

espía m.f. 스파이

espiga f. 이삭

espina f. 가시, 척추

esposo,a m.f. 남편, 아내

esquí m. 스키

esquina f. 길모퉁이

establecer tr. 건립하다, 창설하다, 제정하다, 정착시키다, 수립하다

estación f. 계절, 시기, 역, 터미널

estadio m. 경기장, 스타디움

estadística f. 통계

estado m. 상태, 신분, 국가, 주

estallar intr. 발발하다, 파열하다, 폭발하다

estancia f. 체재, 체류

estar intr. 있다, 위치하다

este,a adj. 이, 이러한; pron. 이 것, 후자

estilo m. 스타일

estimado,a adj. 존경받는, 평판이 좋은

esto pron. 이 것, 이 일

estrella f. 별

estudiante m.f. 학생

estudiar tr. 공부하다, 연구하다; intr. 공부하다

estudio m. 공부, 연구, 학문

estudioso,a adj. 학구적인

estupendo,a adj. 훌륭한, 멋진, 근사한

etc. 기타, 등등 [etcétera의 약어]

eterno,a adj. 영원한, 영구의

euro m. 유로(화폐 단위)

europeo,a adj. 유럽(Europa)의; m.f. 유럽사람

evitar tr. 피하다, 달아나다

ex – 이전의; -presidente 전임대통령.

exacto,a adj. 정확한, 정밀한

examen m. 시험

examinar tr. 시험을 보이다, 검토하다

excelente adj. 탁월한, 우수한

exclamar intr. 외치다, 소리치다

exigente adj. 요구가 많은, 끈덕지게 조르는

exigir tr. 요구하다

existir intr. 있다, 존재하다

éxito m. 성공

expandir tr. 넓히다, 펼치다

experiencia f. 경험

experimentado,a adj. 경험을 쌓은, 숙달된, 경험이 있는
explicación f. 설명, 해명
exponer tr. 표명·설명·해명하다, 진열하다, 내맡기다
exposición f. 표명, 출품, 진열, 전시회, 박람회, 전람회
expresión f. 표현
extender tr. 뻗다, 확장하다, 연기하다
extinguir tr. 없애다, 소멸시키다
extranjero,a adj. 외국의; m.f. 외국사람, 낯선 사람
extraño,a adj. 이상한, 기이한
extraordinario,a adj. 유별난, 뛰어난

F

fácil adj. 쉬운
facultad f. 능력, 학부; F- 단과대학
falda f. 치마
falla f. (파야 축제에서 태우는) 익살스런 인물의 인형; Las Fallas 파야축제
falso,a adj. 거짓의, 위조의
falta f. 부족, 결여; por ~ de -부족으로 인해
faltar intr. 없다, 부족하다
fama f. 명성
familia f. 가족
famoso,a adj. 유명한
fantasía f. 공상, 환상
fantástico,a adj. 아주 멋진, 환상적인, 기발한
favor m. 호의; por ~ 제발, 부탁합니다
favorito,a adj. 아주 좋아하는, 마음에 든; m.f. 마음에 든 사람, 총애하는 사람
felicidad f. 행복; interj. [pl.] 축하해.
feliz adj. 행복한
fenomenal adj. 경이적인
feroz adj. 사나운, 잔인한
fértil adj. 비옥한, 기름진
festejar tr. 축하하다, 환대하다
fiable adj. 신뢰할 만한
ficha f. 기록, 카드
fiesta f. 축제, 제전
fin m. 끝, 마지막; por ~ 마침내, 결국
final m. 끝, 마지막; al ~ 끝으로, 결국
finalizar tr. 끝마치다; 끝내다, 다하다
financiero,a adj. 금융의, 재정의; m.f. 금융인
firma f. 사인, 서명
firmar tr. 서명하다
flamenco m. 플라멩코
flor f. 꽃
fluidez f. 흐름; con ~ 유창하게
forma f. 형태, 모양
fotografía f. 사진
fracaso m. 실패, 좌절
frase f. 구(句), 어구, 문구
fresco m. 시원함
frío m. 추위
frito,a adj. 튀긴
fruta f. 과일
fuente f. 샘, 우물, 분수, 원천
fuerte adj. 강한, 강력한, 튼튼한; m. 요새, 장점; adv. 강하게, 세게
función f. 기능, 공연
funcionario,a m.f. 공무원
fundamento m. 근거, 증거
furgoneta f. 밴, (덮개 달린) 소형트럭
fusilamiento m. 총살

fútbol m. 축구

futuro,a adj. 미래의, 장래의; m. 미래

G

gana f. 의지

ganar tr. 벌다, 이문을 얻다, 이기다

gastar tr. 소비하다

gasto m. 소비

gato m. 고양이

gazpacho m. 가스파초

generación f. 세대, 생식, 산출, 종족

general adj. 일반적인, 전반적인; en ~ 일반적으로.

genio m. 기질, 재능

gente f. 사람들

geografía f. 지리, 지리학

girar tr. 돌다, 회전하다

gobernar tr. 다스리다, 지배하다, 통치하다

gobierno m. 통치, 지배, 정부

golpe m. 때림, 구타; ~ de Estado 쿠데타.

golpear tr. 때리다

gota f. 물방울

gozar intr. (~de) 향유하다, 즐기다, 기뻐하다, 행복을 누리다

grabado m. 조각

grabar tr. 새기다, 조각하다, 녹음하다.

gracia f. 우아, 기품; (pl.) 감사합니다.

gradual adj. 단계적인, 점진적인

graduar tr. 졸업시키다; ~se 졸업하다

gran adj. 위대한, 대단한 [grande의 축약형]

grande adj. 커다란, 훌륭한, 위대한; m.f. 위인, 고관

gratis adj. 무료의; adv. 무료로

griego,a adj. 그리스(Grecia)의; m.f. 그리스 사람; m. 그리스어

gritar tr. 고함치다

grito m. 외침, 절규

grupo m. 그룹

guante m. pl. 장갑

guardar tr. 지키다, 보호하다

guardia f. 경비; G- Civil 스페인의 보안군

guerra f. 전쟁; G~ Civil Española 스페인 내전, ~ de Corea 한국전쟁

guía f. 안내; m.f. 안내인

guitarra f. 기타

gustar intr. 마음에 들다

gusto m. 취향, 기쁨

H

haber tr. 존재하다; aux. 완료의 조동사

habitación f. 방

habitar tr. 살다, 거주하다

hablar intr. 말하다

hacer tr. 하다, 만들다; ~ autoestop 히치하이크하다

hallar tr. 발견하다

hambre f. 허기, 배고픔

hambriento,a adj. 배고픈, 허기진

hasta prep. ~까지

herida f. 상처, 부상

herir tr. 다치게 하다

hermano,a m.f. 형제, 자매

hermoso,a adj. 아름다운, 예쁜, 고운

herramienta f. 연장, 도구

hierba f. 풀

hierro m. 철

higiénico,a adj. 위생의

hijo,a m.f. 아들, 딸

hipócrita adj. 위선의, 위선적인

historia f. 이야기, 역사

histórico,a adj. 역사적인

hoja f. 잎, (종이, 판자, 철판의) 장

hola interj. 안녕.

hombre m. 사람, 남자, 어른

honor m. 명예, 영광, 예우

hora f. 시간, 시각

horario m. 시간표

hormiga f. 개미

horrible adj. 무서운, 심한

horror m. 공포, 혐오

hospital m. 병원

hotel m. 호텔

hoy adv. 오늘; ~ en día 오늘날

hoyo m. 구멍

huerto m. 과수원

humano,a adj. 인간의; m. 인간, 인류; ser ~ 인류.

humillar tr. 숙이다, 굴복시키다

humor m. 익살, 유머; con ~ 익살스럽게

humorístico,a adj. 익살스러운, 해학적인

I

ibérico,a adj. 이베리아(Iberia)의; m.f. 이베리아 사람

iberoamericano,a adj. 중남미 태생의 m.f. 중남미 사람

idea f. 사상, 관념, 생각

idealista adj. 이상주의의; m.f. 이상주의자

idear tr. 생각해 내다, 고안하다

idioma m. 언어

iglesia f. 교회

ignorar tr. 모르다, 알지 못하다, 무시하다

igual adj. 같은, 동등한

ilustre adj. 저명한, 유명한

imagen f. 모양, 형상, 상

imperio m. 제국

importante adj. 소중한, 중요한

imposible adj. 불가능한

impreso,a adj. 인쇄된

imprimir tr. 인쇄하다

inadecuado,a adj. 부적절한

incauto,a adj. 신중하지 못한, 솔직한

incluido,a adj. 포함된

incluir tr. 포함하고 있다, 품다

incorporar tr. 통합하다, 합치다, 편입하다

incurable adj. 고칠 수 없는, 불치의

independiente adj. 독립의, 자치의, 남에게 의지하지 않는

indescriptible adj. 말로 표현할 수 없는, 형언할 수 없는

indicar tr. 가리키다, 지시하다

indicativo adj. 지시하는, m. 직설법

indígena adj. 토착의, 원주민의; m.f. 원주민

individuo m. 개인
infalible adj. 절대 오류가 없는, 확실한
infancia f. 유년기, 아동
infantil adj. 유아의, 유년시절의, 어린애 같은, 철없는
información f. 정보
informar tr. 알리다, 보고하다
informático,a adj. 컴퓨터 과학의, 정보 처리의
inglés,sa adj. 영국(Inglaterra)의; m.f. 영국 사람; m. 영어
ingresar tr. 입금하다, 들어가다
iniciar tr. 시작하다, 개시하다
ininterrumpido,a adj. 중단 없이 계속되는, 연속되는
inmediato,a adj. 바로 이어진, 인접의; de ~ 즉시
innumerable adj. 무수한, 셀 수 없는
inocencia f. 순결, 순진함
inspirar tr. 흡입하다, 불어넣다, 고취하다
instalación f. 시설, 설비, 설치, 정주(定住)
instalar tr. 설치하다, 장치하다
instante adj. 간절한, 특별한; m. 임시, 잠시, 순간
instrumento m. 도구, 기구, 수단, 방편
insultar tr. 모욕하다
insulto m. 모욕
inteligencia f. 지능, 이해력; I- Artificial 인공지능, Servicio de I- 정보부
inteligente adj. 지식이 있는, 총명한
intención f. 의도
intenso,a adj. 센, 깊은, 집중적인
intentar tr. 꾀하다, 시도하다
intento m. 시도, 의도, 목적
interés m. 이로움, 이익, 이해관계, 관심
interesante adj. 흥미 있는, 재미있는
interesar tr. 관심을 끌다, 흥미를 가지게 하다, 관여시키다
interior adj. 내부의; m. 내부
internacional adj. 국제의, 국제적인
internar tr. 수용하다; intr. 들어가다
interrumpir tr. 중단하다, 중지하다
intuición f. 직관
inútil adj. 무익한, 쓸모없는
invento m. 발명(품)
invierno m. 겨울
invitación f. 초청, 초대
invitado,a adj. 초대된; m.f. 손님
invitar tr. 초대하다
ir intr. 가다
ira f. 분노, 화
irrecuperable adj. 회복 불가능한
irregular adj. 불규칙한
isla f. 섬
izda. f. 왼쪽 [izquierda의 줄임말]

J

jamón m. 하몬
jardín m. 정원
jaula f. 새장
jefe m. 우두머리, 상관
jornada f. 일정, 여정
joven adj. 젊은; m.f. 젊은이
juego m. 놀이, 게임; los Juegos Olímpicos 올림픽 경기
jueves m. 목요일

jugar intr. 놀다, 장난하다, 경기를 하다, 도박하다
juguete m. 장난감
julio m. 7월
junio m. 6월
junto,a adj. 함께한, 동봉한; adv. 함께, 곁에; ~ a 곁에서

K

kilo m. 킬로
km 킬로미터 [kilómetro의 약어]
km² 제곱킬로미터 [kilómetro cuadrado의 약어]

L

la art. 여성 정관사
ladrar intr. 짖다
ladrón adj. 훔치는; m.f. 도둑
lago m. 호수
lamentable adj. 유감스러운
largo,a adj. 긴, 기다란; m. 길이
lástima f. 동정, 유감스러움
latitud f. 위도, 넓이
le pron. 그에게, 당신에게; 그를, 당신을
lección f. 과(課)
leche f. 우유
leer tr. 읽다, 독서하다
lejos adv. 멀리; ~ de ~부터 먼
lengua f. 언어, 혀
león m. 사자
letrado,a adj. 학문이 있는, 박식한
levantar tr. 일으키다; ~se 일어나다
ley f. 법
leyenda f. 전설, 이야기
libre adj. 자유로운, 한가한, 무료의
libro m. 책
líder m.f. 지도자
limitado,a adj. 제한이 있는, 한정된
limitar tr. 경계를 정하다, 제한하다
limosna f. 기부, 구걸, 헌금
limpiar tr. 청소하다, 닦다
liso,a adj. 편편한, 평평한
listo,a adj. 똑똑한, 준비된,
llamado,a adj. 불려진, 이름이 …인
llamar tr. 부르다; ~se 자신을 –이라 부르다
llano,a adj. 반반한, 평탄한
llegada f. 도착
llegar intr. 도착하다
llenar tr. 채우다; ~se -로 가득 차다.
lleno,a adj. 꽉 찬
llevar tr. 가지고 가다
llorar intr. 울다
llover intr. 비가 오다
lluvia f. 비
lo pron. 그를, 그것을
local adj. 장소의, 지방의; m. 점포
localizar tr. –에 지방적 특색을 주다, 지방화하다
lucha f. 싸움
lucir tr. 비추다; intr. 빛나다, 반짝이다
luego adv. 후에, 뒤에; conj. 그러므로, 그러기에
lugar m. 자리, 위치; tener ~ 열리다, 개최되다. en ~ de 대신에
luna f. 달
lunar adj. 달의

M

madre f. 어머니

madrugar intr. 새벽에 일어나다, 매우 일찍 일어나다

maestro,a m.f. 선생, 대가

mal adv. 나쁘게; m. 악

maloliente adj. 악취가 나는

mamá f. 엄마 [madre의 애칭]

mañana adv. 내일; f. 아침; por la ~ 오전에

mancha f. 얼룩, 점

mandar tr. 보내다, 명령하다

mandato m. 명령

manejar tr. 다루다, 조종하다

manejo m. 취급, 조종

manera f. 방법

mano f. 손

mantener tr. 유지하다, 받치다, 부양하다

manzano m. 사과나무

máquina m. 기계; ~ de escribir 타자기

mar m. 바다

maravilloso,a adj. 경이적인, 훌륭한

mariposa f. 나비

marzo m. 3월

más adv. 더; ~ o menos 약, 대략

masacre f. 학살

matanza f. 죽이기, 살해

matar tr. 죽이다

matricular tr. 등록시키다; ~se 등록하다

máximo,a adj. 최대의; m. 최대

maya m.f. 마야인; m. 마야어

mayor adj. 더 큰, 더 나이가 많은; al por ~ 도매로

mayoría f. 대부분, 대다수

me pron. 나에게, 나를

mediado,a adj. 반이 채워진; a ~s de 중반에

mediano,a adj. 중질의, 중간의

medianoche f. 자정

medieval adj. 중세의

medio,a adj. 중간의, 절반의; m. 중간, 수단; por ~ de -을 통하여

mejor adj. 더 좋은; adv. 더 좋게, 더 낫게

melón m. 멜론, 참외

menor adj. 더 작은, 연하의, 미성년의; m.f. 미성년자

menos adv. 보다 덜, 더 적게; adj. 더 적은, 더 어린

mensaje m. 메시지

menú m. 메뉴

mercado m. 시장

mercancía f. 상품

merecer tr. 받을만하다; intr. ~의 가치가 있다.

meridional adj. 남쪽의

mes m. 달, 월

meter tr. 집어넣다; ~se en -에 들어가다.

metro m. 지하철

mexicano,a adj. 멕시코의; m.f. 멕시코 사람

mí pron. 나(에게, 를 위해, 로 인해 등)

mi adj. 나의

miel f. 꿀

mientras adv. –이지만; conj. –하는 동안

millonada f. 백만의 가치가 있는 것

minuto m. 분

mío,a adj. 나의; pron. 나의 것

mirar tr. 보다, 바라보다; intr. 향해 있다

mismo,a adj. 같은, 동일한, 자신의

mitad f. 반, 절반

modelo m. 모형, 모델
moderno,a adj. 근대의, 현대의
modo m. 방법, 형식, 태도
momento m. 순간, 시기, 때
monarca m. 군주, 제왕
monetario,a adj. 화폐의, 통화의
mono,a adj. 귀여운
montaña f. 산
montón m. 더미, 산적
moreno,a adj. 가무잡잡한, 갈색의
morir intr. 죽다, 다하다, 꺼지다
mostrador m. 진열대
mostrar tr. 보이다, 나타내다, 명시하다
motivo m. 계기, 모티브; con ~ de -을 계기로
moto f. 오토바이 [motocicleta의 약어]
motorista m.f. 모터사이클(오토바이) 운전자
mover tr. 움직이다, 위치를 옮기다
móvil adj. 움직일 수 있는, 이동성의
mucho,a adj. 많은; adv. 많이
muerte f. 죽음, 사망
muerto,a adj. 죽은, 사망한; m. 사망자, 시체
muestra f. 견본, 증거
mujer f. 여자, 아내
multinacional adj. 많은 나라에 관계가 있는, 다국적
mundial adj. 세계의 , 세계적인
mundo m. 세계, 세상, 지구
museo m. 박물관, 미술관; M~ del Prado 프라도 미술관, M~ Reina Sofía 소피아 왕비 미술관
muy adv. 매우, 무척, 대단히

N

nacer intr. 태어나다, 생기다, 시작되다
nacional adj. 국가의
nacionalidad f. 국적
nada pron. 아무 것도
nadar intr. 수영하다
nadie pron. 아무도
naranja f. 오렌지
NASA 미우주항공국
natación f. 수영
natural adj. 자연의, 가공되지 않은, 선천적인
naturaleza f. 자연
navegable adj. 항해할 수 있는
Navidad f. 크리스마스
navideño,a adj. 크리스마스의
necesario,a adj. 필요한
necesitar tr. 필요로 하다; intr. 필요가 있다
negar tr. 거절하다, 부정하다
negociable adj. 협상 가능한
nervioso,a adj. 신경의, 불안한
nevar intr. 눈이 오다
ni conj. 접속사 y의 부정형 (=y no)
nieto,a m.f. 손자, 손녀
ninguno,a adj. 어떠한 것도 아닌; pron. 아무도
niño,a m.f. 어린아이
nivel m. 수준; sobre el ~ del mar 해발
no adv. 아니, 아니오
noche f. 밤
nombrar tr. 명명하다, 임명하다
nombre m. 이름, 성명, 명칭
nopal m. 노팔 (선인장의 일종)
normal adj. 보통의, 정상적인

norte m. 북쪽

nos pron. 우리들을, 우리들에게

nosotros,as pron. 우리들은

notar tr. 눈치 채다, 지적하다

noticia f. 알림, 소식, 뉴스

noviembre m. 11월

novio,a m.f. 애인, 신랑/신부

nube f. 구름

nuestro,a adj. 우리들의

nuevo,a adj. 새로운; de ~ 새로이, 다시

número m. 수, 숫자

nunca adv. 결코 –이 아니다 (부정어)

O

o conj. 또는; ~ sea 가령, 즉

obedecer tr. 복종하다, 순종하다

objetivo,a adj. 객관적인; m. 목표, 목적

obra f. 작품, 공사

obstáculo m. 방해, 장애물

obtener tr. 얻다, 획득하다, 달성하다

océano m. 대양, 대해

ocho adj. 여덟의; m. 8

octubre m. 10월

ocultar tr. 숨기다

ocupación f. 점령, 용무, 일

ocupar tr. 차지하다, 점거하다

ocurrir intr. 발생하다, (사건이) 일어나다

oferta f. 제안, 제공, 특가품

ofrecer tr. 바치다, 제공하다

ofrenda f. 봉납, 헌금, 공물

oído m. 귀, 청각

oír tr. 듣다

ojalá interj. 부디–하기를

ojo m. (주로 pl.) 눈; en un abrir y cerrar de ~s 눈 깜짝할 사이에

oliva f. 올리브

olvidar tr. 잊다, 두고 오다

ondular tr. 물결무늬를 만들다

opinión f. 의견

oponer tr. 대립시키다

opuesto,a adj. 반대하는, 대립의

orar intr. 기도를 하다, 연설하다

ordenador m. 컴퓨터

ordenar tr. 명령하다

orgullo m. 긍지, 자부심, 거만; con ~ 자랑스럽게, 자부심을 갖고

origen m. 근원, 시작, 기원, 원산지

oruga f. 애벌레

oscuro,a adj. 어두운, 암담한

otoño m. 가을

otro,a adj. 다른, 별개의; pron. 타인, 또 하나, 또 한 사람

oveja f. 양

P

paciencia f. 참을성

paciente adj. 참을성이 있는; m.f. 환자

padre m. 아버지

pagar tr. 지불하다

pago m. 지불

país m. 국가, 나라

pájaro m. 새

palabra f. 말, 단어

palma f. 야자나무, 손바닥

palmada f. 손바닥으로 때리기

pantalón m. pl. 바지

Papá m. 교황; ~ Noel 산타클로스

papá m. 아빠 (padre의 애칭)

papi m. 아빠 (padre의 애칭)

paquete m. 소포, 꾸러미

para prep. –을 위해

parada f. 정지, 정류장

paraguas m. 우산

parar tr. 멈추게 하다

parecer intr. –인 것 같다, –로 보이다

parecido,a adj. 닮은, 비슷한; m. 비슷한 점, 닮은 점

pared f. 벽

parodia f. 패러디, 모방

parque m. 공원; P~ Nacional 국립공원

parte f. 부분, 일부

participar intr. 참여하다, 참가하다

particular adj. 특별한, 독특한, 개인의; en ~ 특별히

partido m. 경기, 당; P~ Comunista Francés 프랑스공산당

partir intr. 출발하다, 떠나다; a ~ de -이후부터

pasado,a adj. 지나간; m. 과거

pasar tr. 지나가게 하다, 보내다; intr. 지나가다

pasatiempo m. 기분 전환, 심심풀이

pasear intr. 산책하다

pasajero,a adj. 일시적인, 이동하는; m.f. 승객

paseo m. 산책, 가(街); P~ del Prado 프라도가(街)

paso m. 지나가기, 통과

pata f. (동물의) 발과 다리

patata f. 감자

patinaje m. 스케이팅

patio m. 마당

paz f. 평화

pecho m. 가슴

peculiar adj. 독특한, 특유의

pedido m. 주문

pedir tr. 주문하다, 요구하다

pelear intr. 싸우다

película f. 영화

peligroso,a adj. 위험한

peludo adj. 머리털이 많은

pena f. 형벌, 고통, 슬픔, 괴로움

pensamiento m. 사고, 생각

pensar tr. intr. 생각하다

peor adj. 보다 나쁜; adv. 보다 나쁘게

pepino m. 오이

pequeño,a adj. 작은, 사소한, 어린

pera f. 배(과일)

perder tr. 잃다, 지다

perdón m. 용서, 사면

perdonar tr. 용서하다

perezoso,a adj. 게으른

perfecto,a adj. 완벽한

perico m. 잉꼬, 머리 장식

periódico m. 신문

periodo m. 기간, 시기

permiso m. 허가, 인가

permitir tr. 허락하다, 허가하다

pero conj. 그러나

perro m. 강아지

persona f. 사람

personal adj. 사람의, 개인적인

pesar tr. 무게를 달다; intr. 무게가 나가다

peso m. 무게, 중량, 페소(화폐단위)

petróleo m. 석유

pez m. 물고기

pico m. 부리, 주둥이

pie m. 발

piedra f. 돌

piel f. 가죽, 피부, 껍질

pimiento m. 피망

pincelar tr. 붓으로 그리다, 색칠하다

pintar tr. 그림을 그리다, 칠하다

pintura f. 그림, 페인트, 도료

pisar tr. 밟다, 짓밟다, 발로 다지다

piso m. 아파트, 층

pistola f. 권총

placer intr. 기쁘다

placeta f. 자리 [plaza의 축소사]

plan m. 계획

planchar tr. 다림질하다

planear tr. 계획을 수립하다

planta f. 식물, 층

plantar tr. 심다, 이식하다

plato m. 접시, 요리

playa f. 해변

plaza f. 광장; P~ Mayor 마요르광장, 대광장

pluma f. 깃털, 펜

plumaje m. 깃털

pobre adj. 가난한, 불쌍한

pobreza f. 가난, 빈곤

poco,a adj. 조금의, 약간의; ~ a ~ 조금씩

poder tr. –할 수 있다; m. 힘, 능력

poesía f. 시(詩)

poético,a adj. 시의, 시적인

polémica f. 논쟁

poli m. 경찰 [policía의 약어]

política f. 정치, 정치학; P~ Internacional 국제정치학

poner tr. 놓다; ~se a + inf. -하기 시작하다

por prep. –때문에, –를 통해, –동안

porque conj. 왜냐하면, –때문에

posada f. 집, 여인숙

posible adj. 가능한

potable adj. 마실 수 있는

pozo m. 샘, 우물

practicar tr. 행하다, 연습하다

precio m. 가격

preferencia f. 우위, 편애

preferir tr. 선호하다

pregunta f. 질문

preguntar tr. 묻다, 물어보다; intr. 질문하다

preocupado,a adj. 걱정하는

preocupar tr. 걱정시키다

preparado,a adj. 준비된

preparar tr. 준비하다, 마련하다, 예습하다

presentar tr. 제출하다, 내놓다, 소개하다

presente adj. 출석한, 현재의

presidente m. 대통령, 주재자, 총재, 의장

prestar tr. 빌려주다

prestigio m. 명성, 세력

prestigioso,a adj. 명성이 있는, 평판이 있는

primavera f. 봄

primero,a adj. 첫째의, 제일의

primo,a m.f. 사촌

principal adj. 주된, 주요한, 본질적인; m. 본거지

principio m. 시작, 기원; al ~ 초기에, 처음에

prisión f. 감옥

prisionero,a m.f. 포로, 죄수

probable adj. 가능성 있는, 있을 법한

probar tr. 맛보다, 시험하다; ~se 입어보다.

problema m. 문제

procesión f. 행렬, 행진; Las Procesiones 부활절 성상행진

proclamar tr. 공포하다, 선언하다

producir tr. 생산하다, 제작하다

producto m. 생산품, 제품

profe m. 교수 [profesor의 약어]

profecía f. 예언, 예측

profesor,ra m.f. 교수

programa m. 프로그램

promedio m. 평균

pronto,a adj. 빠른 adv. 재빨리; de ~ 갑자기, 별안간

propio,a adj. 독특한, 본래의, 특유의, 자신의

prosperar tr. 융성하게 하다, 번영시키다

proteger tr. 보호하다

próximo,a adj. 인접한, 가까운, 다음의

proyectar tr. 발사하다, 분출하다,

prueba f. 증거, 시험, 검증

psiquiátrico,a adj. 정신 의학의

PSOE 스페인사회노동당(Partido Socialista Obrero Español)

publicación f. 출판, 발표

público,a adj. 공공의, 국가의

pueblo m. 마을, 촌락

puerta f. 문, 출입구

pues conj. 왜냐하면, 그런데, 그래서

puesto,a adj. 놓여진; m. 장소, 직위

pulgada f. 인치

pulgar m. 엄지손가락

pulgoso,a adj. 벼룩(pulga) 투성이의

puñada f. 주먹질

puño m. 주먹, 한 줌

pupila f. 눈동자

Q

que pron. –하는

qué adj. 무슨, 무엇, 어떤; pron. 무엇, 무슨 일; adv. 얼마나

quebrantar tr. 부수다, 깨다, 쪼개다, 분쇄하다

quedar intr. 남아있다; ~se 머물다

quemar tr. 태우다

querer tr. 좋아하다

querido,a adj. 좋아하는, 친애하는; m.f. 애인, 좋아하는 사람

quien pron. –하는 사람

quién pron. 누구, 어떤 사람

quimera f. 망상, 공상

quitar tr. 제거하다

quizás adv. 아마

R

racimo m. 송이

rama f. 가지

rato m. 잠깐

ratón m. 쥐

razón f. 까닭, 이유, 이성

real adj. 실제의, 왕실의; R~ Madrid 레알마드리드 구단

realidad f. 실제

realizar tr. 실현하다, 실행하다, 실시하다

rebosar intr. 넘치다, 아주 풍족하다

recibir tr. 받다, 얻다, (손님을) 맞다

recoger tr. 줍다, 모으다, 거두어들이다

recomendar tr. 권하다, 추천하다

reconocer tr. 인정하다, 인식하다, 승인하다

recordar tr. 기억하다, 그리워하다

recrear tr. 다시 만들다, 다시 창조하다

recuerdo m. 기억, 회상, 추억, 유품

recurso m. 수단, (pl.) 자원; ~s naturales 자연자원, 지하자원

red f. 그물; ~ informática 정보망

redactar tr. 작성하다, 쓰다

refrán m. 속담, 격언

regalar tr. 선물하다

regalo m. 선물

región f. 지방, 지역, 지구

regresar intr. 돌아가다

reír tr. 웃다; ~se de -를 비웃다

reloj m. 시계

remedio m. 수단, 보호

remitente m.f. 발신인

remitir tr. 보내다, 발송하다

remontar tr. 거슬러 올라가다, 높이 올리다

remoto,a adj. 먼, 멀리 떨어진

rendir tr. 타파하다, 정복하다

renovable adj. 갱신할 수 있는

repente m. 느닷없는 충격; de ~ 갑자기

repentino,a adj. 갑작스러운

representante adj. 대표하는, 대리하는; m.f. 대표자, 대리인

requerimiento m. 요구, 요청

reserva f. 예약, 예비

reservar tr. 예약하다, 비축하다

resolver tr. 해결하다

respetar tr. 존경하다

respeto m. 존경, 존중

responder tr. 대답하다

respuesta f. 대답, 회신; en ~ a -에 대한 대답으로

restauración f. 복원

restaurante m. 레스토랑

restaurar tr. 되찾다, 회복하다

resultado m. 결과

resultar intr. 결과로 되다, 생기다, 야기되다

retar tr. 도전하다

retirar tr. 치우다, 철회하다, (돈 등을) 인출하다

reunir tr. 맺다, 합치다, 모으다; ~se 모이다

reventar tr. 터뜨리다, 죽게 하다

rey m. 왕

rico,a adj. 부유한, 맛있는

rima f. 각운, 서정시

río m. 강

ritual adj. 의식의, 습관의

roca f. 돌, 바위

rodear tr. 에워싸다, 둘러싸다

rogar tr. 간청하다, 기원하다

romancillo m. 8음절 이하의 시로 구성된 로망세

romano,a adj. 로마의; m.f. 로마 사람

romper tr. 부수다, 깨다

ropa f. 옷, 의복

rosa f. 장미

rueda f. 바퀴

ruido m. 소음

ruidoso,a adj. 시끄러운

ruina f. 붕괴, 멸망

rumor m. 소문

rutina f. 일상의 일, 일상

S

sábado m. 토요일

saber tr. 알다; intr. 알고 있다; m. 지식

sabiduría f. 지식

sabio,a adj. 학식이 있는; m.f. 학자

sacar tr. 뽑다, 꺼내다, 추출하다

sacerdote m. 사제, 신부, 성직자

saco m. 자켓

sacrificar tr. 희생시키다, ~se 자신을 희생하다

sacrificio m. 희생, 공물

sal f. 소금

salar m. 소금 사막

salida f. 출구

salir intr. 나가다

salto m. 뛰기, 폭포(S-); S~ Ángel 앙헬폭포; de ~ en ~ 깡총깡총 뛰어

salud f. 건강

saludar tr. 인사하다

saludo m. 인사

saña f. 격노, 앙심

santuario m. 성지 순례지

sapo m. 두꺼비

satisfacer tr. 만족시키다, 기쁘게 하다

se pron. 자신을, 자신에게

secar tr. 말리다, 닦다

sección f. 과, 부, 구획

secretario,a m.f. 비서

secreto m. 비밀

sector m. 부문, 분야

secundario,a, adj. 둘째의, 중등의

seguir tr. 따르다, 추종하다, 계속하다; intr. 그대로 따르다, 계속해 하다

según prep. –에 의하여, –에 의하면

segundo,a adj. 두 번째의

seguridad f. 안전, 안보, 확실, 보증

seis adj. 6의; m. 6

selección f. 선택, 선발

selva f. 밀림

semana f. 주, 주간

seña f. 신호, 징후

señal f. 표시, 신호

señor m. 신사

señora f. 부인

sentido m. 의미

sentir tr. 느끼다, 유감으로 생각하다; Lo siento 유감입니다.

sepia f. 갑오징어; ~ a la plancha 갑오징어 요리

ser intr. –이다; m. 존재; los ~es humanos 인류, 인간; los seres extraterrestres 외계생명체, 외계인

serpiente f. 뱀

servicio m. 봉사; S~ de Inteligencia 정보부

servir intr. 섬기다, 봉사하다, 도움이 되다

si conj. 만약 ~이라면

sí adv. 예

siempre adv. 언제나, 항상

sierra f. 산맥

siesta f. 낮잠

siete adj. 7의; m. 7

siglo m. 세기(世紀)

significar tr. 의미하다, 뜻하다, 나타내다

siguiente adj. 따르는, 다음의

silencio m. 침묵, 고요

silla f. 의자

simpático,a adj. 상냥한

simpatizar intr. 동정하다, 동감하다

sin prep. –없이, –없는

sino conj. –이 아니라, –이외에는

siquiera conj. 비록 …일지라도; adv. –조차 아니다; ni ~ 결코 –않다.

sistema m. 체계

sitio m. 장소, 곳

situación f. 상황, 정세, 상태

situar tr. 위치를 정하다, 배치하다, 놓다

sobre prep. –의 위에, –에 대해

sobrino,a m.f. 조카

sociable adj. 사교적인, 붙임성이 있는

sol m. 태양, 햇살, 햇빛

soldado m. 병사, 군인

solemne adj. 엄숙한, 장엄한

soler intr. –하곤 하다

solicitar tr. 간청하다, (무엇을) 얻고자 노력하다

solitario,a adj. 고독한, 유일한

solo,a adj. 혼자; adv. 단지

solución f. 해결, 해결책

solventar tr. 해결하다, 처리하다

sombra f. 그늘, 그림자

sonar intr. 울리다, 소리 나다

soñar tr. 꿈꾸다; intr. 꿈을 꾸다

sonreir intr. 미소를 짓다

sorprender tr. 놀라게 하다, 불의에 습격하다

sorpresa f. 놀라움

sospecha f. 의심

sospechar tr. 의심하다

sostener tr. 받치다, 지지하다, 유지하다

soviético,a adj. 구 소련의; m.f. 구 소련 사람

su adj. 그의, 그녀의 당신의

súbito adj. 갑작스러운 뜻밖의; de ~ 갑자기

subir tr. intr. 올라가다

sublime adj. 장엄한, 탁월한, 훌륭한

subtropical adj. 아열대의

suceso m. 일, 사건

suelo m. 땅바닥, 지면

sueño m. 꿈, 졸음

suerte f. 운, 행운

sufrir tr. 고뇌하다, 괴로워하다, (어떤 일을) 당하다, 겪다

super – 초(超), 슈퍼; -mujer 초능력을 지닌 여자, 대단한 여자.

superficie f. 표면, 지면

superior adj. 위의, 높은, 상위의, 우위의, 뛰어난; m. 상사, 윗사람

superstición f. 미신

supremo,a adj. 최고위의, 최고 권위의

supuesto,a adj. 가짜의, 가정의; m. 가정, 가설; por ~ 물론입니다.

sur adj. 남쪽의; m. 남쪽, 남부

surcoreano,a adj. 남한의; m.f. 남한 사람

suroeste m. 남서쪽

suyo,a adj. 그의, 그녀의, 당신의

T

tal adj. 그런, 그러한; pron. 그런 것, 그런 일; adv. 그런 식으로, 그렇게

talento m. 재능, 능력

talla f. 크기, 키

tamaño m. 크기, 사이즈

también adv. 또한, 역시 (이다)

tanto,a adj. 그 만큼의; adv. 매우; por ~ 따라서, 그래서

tapa f. 뚜껑, 덮개, 책의 표지; (pl.) 타파스 (안주)

tapón m. 마개, 뚜껑
tardar intr. 늦어지다, 시간이 걸리다, 더디다
tarde f. 오후; adv. 늦게
tarjeta f. 카드, 명함, 패
taxi m. 택시
taza f. 찻잔
te pron. 너를, 너에게
técnico,a adj. 기술의; m.f. 기술자
tecnología f. 기술
teléfono m. 전화
televisión f. 텔레비전
televisor m. 텔레비전 수상기
temeroso,a adj. 무서워하는, 겁내는
temor m. 겁, 공포
templado,a adj. 완화된, 진정된, 따뜻한
temprano,a adj. 이른; adv. 일찍
tender tr. 펼치다, 펴다
tener tr. 가지다, 가지고 있다
tenis m. 테니스
teoría f. 이론, 학설
tercero,a adj. 세 번째의; m. 제 3자, 타인
terminar tr. 끝내다; intr. 끝나다
terrible adj. 무서운, 지독한, 굉장한
tesis f. 논문, 논점
texto m. 원문, 본문, 교과서
ti pron. 너(에게, 를 위해, 로 인해 등)
tiempo m. 때, 시간, 시대, 계절, 기회; al mismo ~ 동시에
tienda f. 상점, 가게, 텐트, 천막
tierra f. 땅, 대지, 지구, 육지, 흙
tigre m. 호랑이
tijera f. pl. 가위
tío,a m.f. 삼촌 아저씨, 이모, 고모, 아줌마
típico,a adj. 전형적인, 특유의
tipo m. 전형, 타입, 원형
tirano,a adj. 전제 군주의, 폭군의; m.f. 폭군
título m. 표제, 타이틀, 직함, 명목
tocar tr. 만지다, 연주하다
todavía adv. 아직
todo,a adj. 모든, 온갖; pron. 모든 것, 모두; adv. 그야말로, 완전히
tomar tr. 쥐다, 잡다, 얻다, 점령하다, 차지하다, (음식이나 음료수를) 먹다, 마시다
tomate m. 토마토; Tomatina 토마토 축제
tontería f. 어리석음, 바보짓
toque m. 만짐, 풍미, 터치
tormenta f. 태풍, 폭풍우
torno m. 회전; en ~ a -을 중심으로
total adj. 전체의, 합계의; m. 합계, 총액; en ~ 총, 전체적으로
trabajador,a adj. 일을 잘하는, 열성의, 근면한; m.f. 일꾼, 노동자
trabajar intr. 일하다, 근무하다, 노동하다
trabajo m. 일, 노동, 작업
tradicional adj. 전통의, 전통적인
traducción f. 번역
traer tr. 가지고 오다
tragedia f. 비극, 참사
trágico,a adj. 비극적인
transeúnte m.f. 행인, 보행자
transformar tr. 변화시키다; ~se en -으로 변하다, -으로 바뀌다.
transición f. 전이, 이행; T- 스페인의 민주화이행기
transporte m. 운송, 수송선
tras prep. -의 뒤에, 후에, 잇따라
trasladar tr. 옮기다, 전입시키다; ~se -로 이사하다.

tratar tr. 다루다, 취급하다, 처리하다

trato m. 대우, 취급

tremendo,a adj. 무서운, 가공할 만한

tren m. 기차

tres adj. 3의; m. 3; tres por tres 셋씩

trigo m. 밀

trinidad f. 삼위일체설; T~ 삼위일체

triste adj. 슬픈, 쓸쓸한

tropical adj. 열대의

tu adj. 너의

tú pron. 너는

túnica f. (로마 사람들 혹은 주교의) 가운 같은 겉옷[웃옷]

turista m.f. 관광객

turno m. 차례, 순서, 순번

tuyo,a adj. 너의

U

ubicar tr. 설치하다, 두다, 배치하다; ~se 있다, 위치하다

Ud. pron. 당신은 [usted의 약어]

último,a adj. 최후의, 마지막의, 궁극의, 최근의, 최신의

único,a adj. 유일한

unión f. 통합, 통일; U~ Europea 유럽연합

universidad f. 대학교

universo m. 우주, 분야

uno,a adj. 하나의; m. 하나, 한 개; ~ por ~ 하나씩, el ~ al otro 서로서로, ~s a otros 서로서로

usar tr. 쓰다, 사용하다

uva f. 포도

V

vaca f. 암소

vacación f. 휴식; (pl.)방학, 휴가

vaciar tr. 비우다, 붓다

vacilar intr. 흔들리다, 동요하다, 주저하다, 망설이다

vacío,a adj. 비어 있는

vagabundo m. 방랑자

vago,a adj. 비어 있는, 일거리가 없는

vale interj. 좋아!, 됐어!

válido,a adj. 유효한, 씩씩한

valle m. 계곡, 골짜기

valor m. 가치, 가격

vano,a adj. 헛된, 무익한, 쓸모없는

variar tr. 바꾸다, 변경하다; intr. 바뀌다, 변화하다

vario,a adj. 여러 가지의, 다양한

vecino,a adj. 이웃의, 가까운; m.f. 이웃 사람

velocidad f. 속도

vencer tr. 이기다; intr. 승리하다

vendedor,ra m.f. 판매인

vender tr. 팔다

venerar tr. 존경하다, 숭배하다

venezolano,a m.f. 베네수엘라인

venir intr. 오다

venta f. 판매

ventana f. 창문

ver tr. 보다

verano m. 여름

verbo m. 말, 언어, 욕설

verdad f. 사실, 진실; de ~ 실제로, 사실로

verde adj. 녹색의; m. 녹색, 초록색

vergüenza f. 창피함

verso m. 시(詩), 시가

vestido m. 의복, 의류

vez f. 번, 횟수; a veces 가끔, de una ~ 한번에, a la ~ 동시에

vía f. 길, 경로, 경유지

viajar intr. 여행하다

viaje m. 여행

viceversa 대(對) [약어는 vs.]

victoria f. 승리, 승전

vida f. 목숨, 생명, 생활

videojuego m. 비디오게임

viejo,a adj. 늙은, 오랜, 묵은; m.f. 노인

viento m. 바람

vinagre m. 식초

violencia f. 폭력, 폭행, 난폭, 테러

visita f. 방문

visitante adj. 방문하는; m.f. 방문객

visitar tr. 방문하다

víspera f. 전날, 전야, 직전

vista f. 시력, 시각, 시선, 전망

vivir intr. 살다; tr. 경험하다

vivo,a adj. 살아 있는, 생명이 있는

vocear tr. 큰 소리로 알리다, 큰 소리로 부르다

volar intr. 날다, 비행하다

voluntad f. 뜻, 의지, 의욕

voluntario,a adj. 자발적인

volver intr. 되돌아가다

vosotros,as pron. 너희들은

vs. 대(對) [viceversa의 약어]

vuelta f. 회전하기, 선회, 돌아옴

Y

y conj. 그리고, ~와(과)

ya adv. 이미, 벌써

yo pron. 나는

Z

zona f. 지역, 지대, 구역

사진출처

3과 엘 에스코리알

http://commons.wikimedia.org/wiki/File:Monastery_of_El_Escorial_04.jpg; Autor: Bernard Gagnon (26 de septiembre de 2009)

4과 (표지) 프라도 미술관

http://upload.wikimedia.org/wikipedia/commons/5/54/Museo_del_Prado_frente.JPG; Autor: Javier Carro (8 de enero de 2005)

4과 티센 미술관

http://commons.wikimedia.org/wiki/File:Museo_Thyssen-Bornemisza_(Madrid)_08.jpg; Autor: Luis García (19 de junio de 2011)

5과 (표지) 산티아고 베르나베우 경기장 외관

http://commons.wikimedia.org/wiki/File:Estadio_Santiago_Bernab%C3%A9u_22.jpg?uselang=es; Author: Luis García (10 de diciembre de 2013)

5과 베르나베우 경기장

http://commons.wikimedia.org/wiki/File:Real_Madrid_fans_at_Santiago_Bernabeu_between_the_chreography_vs._Bor._Dortmund.JPG?uselang=es; Author: Luisao200 (30 de abril de 2013)

5과 축구팬

http://commons.wikimedia.org/wiki/File:SPA-ITA_Euro_2012_supporters_outside_the_stadium.JPG?uselang=es; Autor: Arvedui89 (10 de junio de 2012)

6과 (표지) 발렌시아 시청

http://commons.wikimedia.org/wiki/File:Falla_Ayuntamiento_2014_(1).JPG?uselang=es; Autor: Falconaumanni (16 de marzo de 2014)

6과 라스 파야스

http://commons.wikimedia.org/wiki/File:Falla_con_fallera_valenciana..jpg?uselang=es; Author: Xurxo15 (19 de marzo de 2009)

6과 프로세시오네스

http://es.wikipedia.org/wiki/Archivo:Domingo_de_ramos_astorga.jpg

6과 산페르미네스

스페인 관광청

6과 토마티나

스페인 관광청

9과 아빌라

http://es.wikipedia.org/wiki/Archivo:Avila_001.Jpg; Autor: Anual (22 de agosto de 2009)

9과 살라망카 성당

http://commons.wikimedia.org/wiki/File:Catedral_de_Salamanca_lateral.JPG?uselang=es Autor: Javier Carro (4 de marzo de 2006)

10과 도서관

http://commons.wikimedia.org/wiki/File:Sala_de_lectura_Biblioteca_Provincial_Huelva.jpg?uselang=es; Autor: Biblioteca Huelva (30 de agosto de 2007)

10과 강아지

http://commons.wikimedia.org/wiki/File:20140523_183812_shaved_goldendoodle.jpg?uselang=es; Autor: Gvolk (23 de mayo de 2014)

10과 티티카카

http://es.wikipedia.org/wiki/Archivo:Peru_Uros_Islands_Lake_Titicaca.jpg; Autor: Unukorno (17 de septiembre de 2013)

11과 라사리요 데 토르메스

http://es.wikipedia.org/wiki/Archivo:El_Lazarillo_de_Tormes_de_Goya.jpg

http://commons.wikimedia.org/wiki/File:Lazarillo_de_Tormes.png

11과 핀손 형제

http://es.wikipedia.org/wiki/Archivo:Christopher_Columbus3.jpg

12과 (표지) 바람의 언덕

http://commons.wikimedia.org/wiki/File:Donde_se_cruza_el_camino_del_viento_con_el_de_las_estrellas.jpg; Autor: Rafax (27 de diciembre de 2014)

12과 순례자 여권

http://commons.wikimedia.org/wiki/File:Pilgerausweis1.jpg?uselang=es

12가 순례 용품

http://upload.wikimedia.org/wikipedia/commons/6/6e/Vieira_Camino_de_Santiago.jpg; Autor: Retama (mayo de 2006)

12과 순례자

http://commons.wikimedia.org/wiki/File:Peregrinos_en_Santiago_01-09_(San_Pedro).JPG?uselang=es; Autor: P. Lameiro (4 de julio de 2014)

13과 (표지) 솔 광장

http://commons.wikimedia.org/wiki/File:Puerta_del_Sol_P1.jpg?uselang=es; Autor: Gryffindor stitched by Marku1988 (20 de diciembre de 2008)

13과 스페인 의회

http://commons.wikimedia.org/wiki/File:Espa%C3%B1a_-_Madrid_-_Palacio_de_las_Cortes_-_Costado.JPG?uselang=es; Autor: Antonio.velez (8 de febrero de 2009)

14과 새

http://commons.wikimedia.org/wiki/File:Male_House_Sparrow_(Passer_domesticus)_feeding_from_hand.jpg

14과 켓살코아틀

http://commons.wikimedia.org/wiki/File:Cabeza_de_Quetzalcoatl.JPG; Autor: Marcelosan (26 de noviembre de 2012)

15과 이솝 우화

http://commons.wikimedia.org/wiki/File:Aesopnurembergchronicle.jpg

15과 말린체

http://es.wikipedia.org/wiki/Archivo:Malinche_Tlaxcala.jpg

16과 (표지) 쿠스코 아르마스 광장

http://commons.wikimedia.org/wiki/File:Plaza_de_Armas_del_Cuzco_(4).JPG?uselang=es; Autor: Rodrigo.Argenton (28 de octubre de 2011)

16과 마추피추

http://commons.wikimedia.org/wiki/File:Peru_Machu_Picchu_Sunrise.jpg?uselang=es; Autor: Allard Schmidt (9 de abril de 2005)

17과 Libro de Buen amor

http://es.wikipedia.org/wiki/Archivo:Libro_de_buen_amor_f._3r.jpg

17과 세비야 상징

http://es.wikipedia.org/wiki/Archivo:BanderaSevilla1.svg; Autor: Lobillo

18과 칸쿤

http://commons.wikimedia.org/wiki/File:Cancunplaya.jpg; Autor: Irving Huertas (15 de febrero de 2014)

19과 우나무노 동상

http://es.wikipedia.org/wiki/Archivo:Monumento_a_Unamuno_en_Salamanca.jpg

19과 카페 노벨티

http://es.wikipedia.org/wiki/Archivo:Caf%C3%A9_literario_Novelty_Plaza_Mayor_Salamanca2.JPG; Autor: Pravdaverita (14 de octubre de 2010)

20과 가브리엘라 미스트랄

http://commons.wikimedia.org/wiki/File:Gabriela_Mistral-01.jpg

21과 Ecce Homo

http://commons.wikimedia.org/wiki/File:Elias_Garcia_Martinez_-_Ecce_Homo.jpg?uselang=es

22과 두꺼비

http://commons.wikimedia.org/wiki/File:Bufo_bufo_03.jpg; Autor: Armin Kübelbeck (15 de septiembre de 2007)

22과 메르세데스 소사

http://commons.wikimedia.org/wiki/File:Mercedes_Sosa,_by_Annemarie_Heinrich.jpg

스페인어 강독 기초다지기

초판 1쇄 발행 2015년 2월 17일
초판 2쇄 발행 2018년 3월 2일

지은이 이강국 · 유은정
발행인 김인철
총괄 · 기획 가정준 Director, University Knowledge Press
편집장 신선호 Executive Knowledge Contents Creator
도서편집 박현정 Contents Creator
전자책편집 이리나 e-Contents Creator
재무관리 김은혜 Managing Creator
마케팅 파트장 백승이 Chief Marketing Creator
마케팅 박종원 Marketing Creator
발행처 한국외국어대학교 지식출판원
02450 서울특별시 동대문구 이문로 107
전화 02)2173-2493~7
팩스 02)2173-3363
홈페이지 http://press.hufs.ac.kr
전자우편 press@hufs.ac.kr
출판등록 제6-6호(1969. 4. 30)
디자인 · 편집 디자인퍼브 02)2254-4308
인쇄 · 제본 네오프린텍 02)718-3111

ISBN 978-89-7464-957-9 13770 정가 15,000원

*잘못된 책은 교환하여 드립니다.

HUINE은 한국외국어대학교 지식출판원의 어학도서, 사회과학도서, 지역학 도서 Sub Brand이다. 한국외대의 영문명인 HUFS, 현명한 국제전문가 양성(International +Intelligent)의 의미를 담고 있으며, 휴인(携引)의 뜻인 '이끌다, 끌고 나가다'라는 의미처럼 출판계를 이끄는 리더로서, 혁신의 이미지를 담고 있다.

salida ciudad